Bilbliografische Information der Deutschen Nationalbilbliothek:
Die Deutsche Nationalbibliothek verzeichnet diese Publikation in der Deutschen Nationalbibliografie, detaillierte bibliografische Daten sind im Internet über http://dnb.dnb.de
abrufbar.

Copyright 2016 Matthias Haberkorn
Herstellung und Verlag BoD – Books on Demand
Norderstedt
ISBN 9783741276613

Habert Korn

Das Weserschwein am Weserstein...

und andere Gedichte, garniert mit Kurzgeschichten

Aus der Tierwelt

Das Weserschwein

Es steht ein kleines Weserschwein
vor dem großen Weserstein.

Es glotzt und grunzt nach seinem Wesen,
doch kann es das Gedicht nicht lesen.

Das Krokodil

Ein Krokodil
vom Baume fiel.
Wer hatte es vernommen?

Doch diese Frage stellt sich nicht,
eher eine andre:
Wie ist's raufgekommen?

Das Küken

Ein Küken sich am Fuß verletzt,
die Mama ihm zwei Stangen setzt.

So läuft das junge Küken
jetzt auf soliden Krücken.

Der Maikäfer

Ein Maikäfer, er lebt bei Siegen,
pumpt sich auf, bis er kann fliegen.

Er fliegt dann los, braucht keinen Sprit,
das ist sehr umweltfreundlich.

Das find' ich gut, würd' machen mit.
Doch pumpen kann ich leider nicht!

Feldmaus und Maulwurf

Feldmaus, Maulwurf wollen spielen
gegen Langeweile.

Die Feldmaus schlägt dann vor ein Spiel,
das tendiert ins Gemeine.

Die Feldmaus sagt, sie ist ein Biest:
„Ich sehe was, was du nicht siehst."

Der Maulwurf sich ganz cool benimmt,
er sagt ganz einfach:"Stimmt!"

Tasmanischer Teufel

Ein Teufel aus Tasmanien
pflückt des nachts Geranien.
Und sind einmal die Blumen aus,
will der Teufel wandern aus.

Es ist dies wohl zuletzt geschehn,
und wie's der Teufel will:
Dort nicht mehr die Geranien stehn,
der Teufel haut ab still.

Der Teufel aus Tasmanien
lebt jetzt in Germanien.

Dort ihn fast ein jeder kennt,
wo er in Württembergien war

...Ministerpräsident.

Am Nil

Ein Pferd am Nil
sitzt ganz still,
weiß nicht,
wie's heißen
und wohin es will.

Ein Pharao sitzt am Grill,
dem Pferd was sagen will:
„Du dickes Pferd,
sei unbeschwert,
kannst nicht rennen viel.
Du schwimmst für alle sehenswert,
drum bleibe hier am Nil!"

Das Pferd sah sich geschmeichelt
und fühlt sich aufgewert'.
An sich nun nicht mehr zweifelt,
es nennt sich jetzt: NILPFERD!

Der Stieglitz

Nach Steglitz flog ein Stieglitz
zu erzählen einen Witz.

Der Witz, der kam nicht an,
erboste manchen Mann.

Darunter war Herr Fritz, -
er war ein guter Schütz' -.

Er richt' die Flint' nach vorn,
den Stieglitz in Kimm' und Korn.

Drückt ab, es knallt, der Stieglitz fällt
vom Aste auf den Grund.

Er hält für immer, was jetzt zählt
seinen vorlaut' witzig' Mund.

Die Moral von der Geschicht':
Erzähle schlechte Witze nicht!

Der Wanderfalke

Ein Wanderfalke wandert gern
durch Wiesen und durch Felder.

Er wandert nah, er wandert fern,
manchmal auch anhält er.

Er macht Rast, weil er matt.
So trinkt er, isst sich satt.

Doch warum fliegt der Vogel nicht?
Er wär' schnell überall.

Könnt viel mehr sehn, hätt' bessre Sicht.
käm' weiter allemal.

Und fragt man ihn, warum's so ist,
so sagt er's ganz im Klaren:

„Ich kann nicht anders, so ein Mist,
es liegt an meinem Namen!"

Das Schaf am Abend

Wenn bei Nacht ein Schaf
sinkt in seinen Schlaf.

So ist es bald ein Schlafschaf,
das hält seinen Schafschlaf.

Ein Elefant in Brüssel

Nen Elefant mit seinem Rüssel
verschlug es einst ins schöne Brüssel.

Er sah sich an die ganze Stadt
und war nach Stunden ziemlich platt.

Er nun großen Hunger hatt',
er aß sich an den Pommes satt.

Weil er nur greifen kann mit Rüssel,
gab man ihm dafür eine Schüssel.

Dann wollt' er gehen ziemlich schnell,
Siesta machen im Hotel.

Doch hatt' verloren er den Schlüssel
(dieser musst' ja sein in Brüssel!)

Da nahm er seinen großen Rüssel
und saugte sich durchs ganze Brüssel.

So kam es, dass er wieder hatt'
seines Hotels Zimmerschlüssel.

So sauber war's noch nie in Brüssel -
Dank des Elefanten Rüssel...

Fernsehsüchtige Kornnatter

Es verließ ihr Territorium
die Kornnatter, wer kennt sie schon?

Begab sich zu 'nem Garten hin,
dort sie an Lichterketten hing
und glotzte starr zum Fernsehn hin.

Ein Mann, der's sah, erschrak nun sehr
und rief sofort die Feuerwehr.

Die Feuerwehr ihr nähert sich
und holt die Natter weg vom Licht.

Bracht' sie in einem Terrarium
zu eines Tierheims Zimmer.
Wo sie nun weiter glotzen kann -
(dort war nämlich der TV an) -
das Televisionsgeflimmer.

Menschliches und Alltägliches

Der neue WG-Hund

In einem Mehrfamilienhaus im Zentrum einer deutschen Großstadt wohnt eine Studenten-WG, alle Veganer. Natürlich, wie es sich heutzutage gehört, haben sie einen WG-Hund. Diesen haben sie aus dem Tierheim geholt. Es handelt sich um einen Pit Bull, der friedlich mitgegangen ist und froh gewesen ist, das Tierheim zu verlassen. Man kann davon ausgehen, dass er dort weder vegetarisch, noch vegan ernährt worden ist. Sehr bald entsteht unter den WG-Leuten eine Riesendiskussion, wie man den Hund ernähren solle. Susanne, eine Sozialpädagogikstudentin, wirft sofort ein:
„Tierische Hundenahrung kommt mit nicht in diese Wohnung!" -
„Aber wir müssen dem Tier doch etwas Angmessenes zu fressen geben!", entgegnet Paul, ein Biostudent. -
„Wir müssen den Hund einfach umgewöhnen," meint Sofia, Theologiestudentin.
„Also, lasst es uns versuchen", schlägt Andreas, Lehramtsstudent, vor.

Sie stellen dem Hund eine Schüssel Wasser und einen Teller mit Tofu, Falafel und anderem veganen Zeugs hin. Dem Tier knurrt schon der Magen, sodass ihm gar nichts anderes übrigbleibt, als diesen Veganerfraß zu fressen. Nach der Häflte der Portion wendet er sich ab und verzieht sich verzweifelt in seine Ecke.
Es ist nun Mittagszeit und im Treppenhaus machen sich vor allem für den Hund besonders gut riechbare Gerüche breit:

Ein Duft von Schweinebraten, Rindsrouladen, Spaghetti Bolognese und andere Leckereien.
Der Hund springt auf, rennt zur Wohnungstür und fängt an, laut zu bellen. Dabei ist seine Nase am Vibrieren. Er bellt ohne Unterlass, denn sein Magen fängt wieder an zu knurren.
„Was sollen wir machen?", fragt Andreas. „Der Hund ist nun mal an Fleischspeisen gewöhnt!"
„Wir müssen jetzt hart bleiben, irgendwann wird er sich umgewönnen. Wir müssen ihm das vegane Fressen nur antrainieren", meint Susanne.
Der Hund hat inzwischen vor Schwäche aufgehört zu bellen und schleicht sich halb komatös auf seinen Liegeplatz. Die WGler legen sich mit ihren vollen Tellern vor dem Hund auf den Fußboden und schlappern ihr Essen in Hundemanier hinunter. Der Hund schaut genervt zu, sieht seinen Veganernhapf an und wendet sich frustriert ab.
„ Das hat so keinen Zweck", sagt Sofia,. „Ich gehe jetzt mit ihm Gassi, das lenkt ihn ab."
„Gut, mach das", entgegnet Andreas.
Sofia nimmt den Hund an die Leine und bewegt sich mit ihm in Richtung Treppenhaus. Der Hund geht bereitwillig mit, denn dieses ist noch voller für ihn leckeren Düften.
Gegenüber der WG-Wohnung wohnt die Schweinebratenfraktion. Der Hund rennt zur Tür und fängt laut zu bellen an. Sofia versucht ihn wegzuzerren mit den Worten: „Das ist pfui, das macht dich krank!"
Doch der Hund rührt sich keinen Millimeter von der Stelle. Schließlich gibt er auf - wahrscheinlich vor Schwäche – und folgt Sofia die Treppe hinunter.

In der nächsten Etage wohnt zur Linken die Rouladen- und zur Rechten die Spaghetti-Bolognese-Fraktion.
Der Hund bleibt stehen, bellt zunächst zur linken, dann zur rechten Seite, als wolle er sagen:
„Macht die Türen auf und lasst mich an eurem tollen Essen teilnehmen!"
Nach ungefähr fünf Minuten gelingt es Sofia, ihn in Richtung Erdgeschoss zu ziehen. Diese beiden Erdgeschosswohnungstüren passiert der Hund widerstandslos. Keine Gerüche? - Ach, ja! Die Müllers sind in Urlaub und die Maiers Vegetarier.
Draußen angekommen, spazieren die beiden los, der Hund vor Schwäche etwas schwankend, die Zunge auf halb sechs. Sofia hält die Leine etwas länger und nicht mehr so stramm.
 Plötzlich rennt der Hund los mit seinen allerletzten Kraftreserven und entledigt sich seiner Hundeführerin. Diese ruft hinterher: „Bleib stehen! Halt!" Doch der Hund hat nur ein Ziel: Vorne rechts am Gehweg steht ein Hotdogstand. Der Hund hält voll auf diesen drauf, und zwar nahe Lichtgeschwindigkeit.
Sofia denkt: 'Der wird doch nicht das ungesunde Zeug fressen? Womöglich grün-weiß-rot!?'
Der Hund, am Hotdogstand angekommen, holt aus zum letzten Sprung seines Hundelebens.
Er stürzt sich auf den Hotdogverkäufer und springt ihm an die Kehle, zerfetzt den Hals und beginnt den Mann zu zerfleischen und allmählich aufzufressen.
Sofia rennt so schnell sie kann zum Stand – ein paar Leute stehn da, wie paralysiert – und versucht den Hund wegzuzerren, mit den Worten: „Der Typ ist genauso ungesund wie seine Hotdogs. Wir gehen jetzt nach Hause!"

Der Hund, jetzt pappsatt, folgt Sofias Aufforderung und lässt sich brav an der Leine nach Hause in die WG führen...
Ob der Hund es je geschafft hat, Veganerhund zu werden, ist nicht bekannt...

Artcafe – das Heimatcafe

Ich sitze hier im Artcafe
und trinke eine Art Kaffee.

Es ist nach Art des Artcafe
'ne besondre Art von Art-Kaffee!

Das Bankschiff

Es gab mal eine Bank,
die war auf einem Schiff.
Sie's Geschäft nicht gut verstand
und endete auf'm Riff.
Sie auch deshalb sank.
Manche fanden's klasse.
Wer's war? - Die Kreis-Barkasse!

Das Telefon

Ein Immigrant bestellte
ein neues Telefon.
Da dieses lang nicht kam,
schickte er seinen Sohn
in den örtlichen Laden.
Der Sohn: „Ich nur fragen,
wo da fon?"

Der lange Gang

Es plagt 'nen Wirt seine Verdauung,
es kam dünn, war nicht in Ordnung.

Er stellt im Herbst die Stühle rein
in einen langen Gang.

Ordnet sie ganz grad und fein -
Jetzt hat er ordentlich' Stuhlgang.

Die Brücke

Ich steh' auf einer Brücke
mit meiner Zahneslücke.
Da fällt mir aus ein weitrer Zahn,
wofür ich wenig kann.

Hab' Haarausfall, jetzt Zahnausfall,
nach dem Zahne ich mich bücke.
Doch fiel er von der Brücke
ohne Stuss,
tief in den Fluss.

So schließ' ich nun die Lücke
nicht auf, sondern mit 'ner Brücke.

Ein Bewerber bei der Bahn

Ein Mann bewarb sich bei der Bahn
und zwar als Zugbegleiter.
Doch kamen da noch andre an,
seine Stimmung war nicht heiter.

Er wurde schließlich abgelehnt,
warum, das wurde nicht erwähnt.
Sie sagten ihm sehr höflich:
„Eine Zusage war nicht möglich,
wir haben Begleiter genug."

Er war darüber untröstlich,
denn er kam nicht zum...Zug!

Fliegen

Ich steige in das Flugzeug
mit Handgepäck und Zeug.
Ich sitz' dann da und warte,
auf dass das Flugzeug starte.

Plötzlich geht es los,
der Start, der ist famos!
Auf einmal 'Summ! Summ! Summ!'
schwirrt 'ne Fliege um mich rum.

Mit einer Hand scheuch' ich sie weg,
doch hat dies alles keinen Zweck.
Sie kehrt zurück immer wieder
und lässt sich auf mir nieder.

Ich wirk' nervös und leicht gestresst,
da kommt zu mir die Stewardess:
„Was haben Sie für ein Anliegen?"
Ich sage laut: „Ich hasse Fliegen!"

Am Stammtisch bezahlen

Fritz aus Fritzlar,
der zahlt bar.

Gos aus Goslar
mit 'nem Scheck gar.

Lim aus Limburg
zahlt nicht genug.

Wetz aus Wetzlar,
das ist klar,
zahlt mit Scheckcard
und nicht bar.

Utz aus Utzlar,
der zahlt nicht gar.
Für ihn, aus Weimar,

...da zahlt Edgar.

Heimzahlen

Herr Wank, Herr Merx und der Herr Weil
hauten mich über's Ohr.
Boten mir Schrottimmobilie feil,
die kaufte ich, ich Tor.

Ich weiß zwar noch nicht wie,
doch nehm' ich sie mir vor:

Ich zahl es erst dem Wank heim,
danach dann dem Herr Merx heim,
zu guter Letzt dem Weil heim.
Vielleicht kommt mal ein Mann heim,
der mich unterstützt
vor dem Gericht in Welzheim,
mal sehn, ob das was nützt.

Doch wenn ich krieg mein Geld zurück,

gebe ich's dem Tierheim!

Laub

Es gibt auf manchen Wegen
oftmals sehr viel Staub.
Und neben Weg und Stegen
im Herbst auch sehr viel Laub.

Der Staub, der wird gebunden
durch aufkommenden Regen
Für's Laub wurde erfunden
Laubbläser, es ist kein Segen!

Dieser bläst das Laub, ich seh'
mit Druckluft dann von A nach B.
Und darauf gebe ich mein Wort,
es bleibt liegen dort vor Ort.

Doch kriegt man's weg durch das Verfeinern,
durch einer Alt-Erfindung Segen,
man muss es einfach nur zerkleinern
...mit altbewährt' Laubsägen!

Lokführerstreik

Die GDL, die streikt mal wieder
zugunsten ihrer Lokesführer.

Ein Lokführer zuhause bleibt
und sich was Gutes einverleibt.

Dann geht er in den Kellerraum
und tut etwas, das glaubt man kaum:

Er spielt mit Spielzeugeisenbahn,
was seine Frau bringt auf den Plan.

„Wenn du hier rumspielst so ganz innig,
werd' ich langsam wahnsinnig!

Wenn du nicht kommst zu mir und Mike,
dann trete ich in einen Streik!"

Schauer

Ich sah einen Film mit Horror
mit Schrecken, Angst und Terror.
Da lief' mit längerer Dauer
über'n Rücken mir ein Schauer.

Danach ging ich zum Duschen,
um wegzukriegen den Schauer.
Doch was kam aus der Dusche?
Es war ein weiterer Schauer!

Doch dieser nasse Schauer
konnt' mir keine Furcht entlocken.
Musst' nur mit stetger Dauer
ihn einfach nur abtrocknen!

Tauben

Es sind die Tauben,
die mir rauben
den Verstand.

Sie kommen dreist
und scheißen meist
auf des Balkones Rand.

Ich schieße dann
mit Spielzeugknarre
auf das Taubengefieder.

Doch „Made-in-China"
ist viel Mist,
kein Kügelchen fliegt nieder.

Weil ich schwerhörig
ziemlich bin,
hör Tauben ich nicht kommen.

Und wenn das dann
so weitergeht -
Ihr könnt' es ruhig glauben -
dann gehöre ich sehr bald,
Ihr wisst schon:
Zu den Tauben!

Wonnepfropfen

Ach, du bist ein Wonnepfropfen!
Aber liebes Kindel,
mach nicht so viele Tropfen
und andres in die Windel.
Sonst muss ich dir mit Wonne

...verpassen einen Pfropfen!

Taucher und Raucher

Es gab mal 'nen sehr starken Raucher,
der war nebenbei auch Taucher.

Er konnte beim Tauchen nicht rauchen,
somit keine Fluppen verbrauchen.

Er sagt' sich: 'Ich geh solang' tauchen,
bis ich dann aufhör' zu rauchen!'

Bald hörte er auf mit dem Rauchen,
aber auch mit tauchen.

Eheschließung

Ihr habt euch entschlossen,
die Ehe jetzt zu schließen
und Freudentränen zu vergießen.
Dann mit Verwandten und mit Freunden
diesen Freudentag genießen.

Nun ist die Ehe geschlossen,
wie danach das Standesamt,
sowie die Festgesellschaft.

Doch die schöne Wirtschaft -
die ist, Gott sei Dank, nicht geschlossen!

Analog

Es gab 'ne Frau, die Anna,
die sagte mir bei Hanna,
sie besäß 'nen Flachbildschirm.
Und zwar 'nen digitalen,
sie sei darin sehr firm.

Doch als ich sie besuchte,
sah ich ein Röhrengerät.

Ich so meine Schlüsse zog:

...Anna log!

Das Kind im Bade

Das Kindlein läuft geschwind
ins Badezimmer rein.
In der Wanne sitzen
die Eltern drin zu zwein.

Sie plantschen und sie baden
und fühlen sich sehr wohl.
Sie sagen dann dem Kinde,
dass es abhaun soll.

Das Kind, es wird sehr wütend,
es schreit und tobt, oh Graus!
Es schüttet dann die Eltern
mit dem Bade aus.

Der Sänger

Es war ein Sänger, der ging zur Wahl,
danach wurd's Singen ihm zur Qual.

Mit der Karriere ging's bergab,
weil er seine Stimme abgab!

Der Schwindler

Ein Schwindler, der ist auf der Flucht,
er nach oben die Höhe sucht,
auf eines Hochhaus' Dachgeschoss,
wo einst er den Ausblick genoss.

Polizisten ihn verfolgen.
Sie wollen dafür sorgen,
dass er sich jetzt ergebe,
nicht springe, sondern lebe.

Er ruft den Polizisten zu:
„Ich gestehe, lasst mir meine Ruh'.
Ich bin ein großer Schwindler,
ein Betrüger, Hinterzieher."

Die Polizei zur Kenntnis
nimmt dieses Kurzgeständnis.

Doch was da oben für ihn spricht,
(nicht unbedingt vor dem Gericht),
das ist nicht ganz einerlei:

Dort oben ist er schwindelfrei!

Durchgefallen

Ein Prüfling ist beim Teste schlecht
und schließlich durchgefallen.

Darf man sagen dann zurecht:
Er hatte einen Durchfall?

Googlen

Herr R. legt sich aus mehr und mehr,
erweitert Bauches Umfang sehr.

Normalerweise tut er googeln -
doch immer mehr auch ...kugeln!

Der Fischer

Ein Fischer fuhr hinaus zum Fang
in des Morgens Frühe
Für ihn zuerst der Tag begann
mit 'ner kräftigen Brühe.

Danach sollt's Fischen gehen los,
wie immer, ganz famos.

Doch hatte er das Netz vergessen,
er nahm zur Hand sein Handy
und wählte lange, wie besessen,
zu erreichen sein' Frau Mandy.

Dies ihm jedoch nicht gelang,
er hatte keinen Empfang.
Verzweifelt er an Bord so stand,
mit dem Handy in der Hand.

Da fuhr vorbei ein alter Freund
und fragte: „Was ist los?"

Der Fischer, der sich hingesetzt,
sagt ziemlich freudenlos:
„Oh, Freund, was soll ich tun bloß?
Ich habe hier kein Netz!"

Krause

Krause hat kein Haar,
der Afrikaner (H. Erhardt: 'Neger') hat krauses Haar.

Dafür hat Krause was um'n Hals,
es ist die Halskrause.

Ich hoffe, Gott erhalt's
für des Krauses Hals
seine Halskrause!

Gestern sah ich Krause
mit seiner Halskrause.
und seiner Frau in der Klause
Sie tranken eine Fassbrause.

Ich frug:
„He, Krause!
Gehst du auch unter die Brause
mit deiner Halskrause?"

Er:
„Nein, es ist Frau Krause,
die sie abnimmt, die Halskrause,
wenn ich geh' unter die Brause.
Dann mach' ich eine Pause
von der Halskrause.
Manchmal, nach der Brause
kommt Frau Gause
die ist sehr nett, so nett,
bindet dann die Halskrause
um den Hals mir, dem Krause."

Frau Krause:
„Wenn ich erwisch' den Afrikaner,
der trägt Krauses Haar
werd' ich rabiater und fürwahr
entreiß' ich ihm Krauses Haar!
Denn:
Nur mein Mann, der Krause
mit der Halskrause
darf tragen Krauses Haar!"

Ich dacht' für mich:
Oh, Graus, nur hier raus!
Ich ging dann nach Hause und verließ
den Herrn und die Frau Krause.
Ich brauchte 'mal eine Pause!

Om

Ich musste hörn von der CD
Sanskritgesang mit Om.
Auf Dauer tat's in 'nen Ohren weh,
es wurd' mir dann zu domm.

Der Energie floss viel zu viel
Ampere, Volt, also Strom.
In mir regte sich ein Widerstand
gegen penetrantes Om.

Ich nun diesem widerstand
mit dem bekannten OHM!

Per Du

Ich fall' in eine Gletscherspalt',
in der mein Hilferuf verhallt.

Plötzlich fällt, und das sehr knapp,
ein fremder Mann zu mit herab.

Die Hilferufe helfen nix,
wir kommen ins Gespräch sehr fix.

Wir plaudern über unser Leben,
so können wir Trost uns geben.

Wir nun hier zu zweit verweilen,
können unser Schicksal teilen.

Da sagt der Mann: „Ich heiße Hans
und biete an das Du."

Darauf sag ich: „Ich heiße Franz,
und nehme an das Du."

So sind wir jetzt per Du,
aber leider auch ….perdu´!

Prost

Es kam ein Probst
zu dem Herrn Jobst,
der hatte einen Stand.
Er verkaufte Obst
dem Probst,
der oft sich dort einfand.

Dann gab der Jobst
dem Herrn Probst
aus einen Schnaps
aus Obst.

Der Jobst,der sagt
zu dem Herrn Probst
einfach: „Prost!"

Doch der entgegnet
aufgebracht:

„Nein, Probst!"

Schulz

Es fühlte ein Herr Schulz
seinen starken Puls.

Der fing an zu rasen,
jetzt liegt Schulz auf dem Rasen.

Dort ging der Puls schnell runter
und Schulz wurd' wieder munter.

Rose

Rose hat eine Art Rose,
die blüht nach außen nie.
Sie wirkt weit unter ihrer Hose
inmitten von ihrem Knie.

Kinderwunsch

Sie hatte einen Kinderwunsch,
ihr Mann ihr den erfüllte.

Und einmal auf dem Weihnachtsmarkt,
das Kind war dreieinhalb,
hielten sie an einem Stand,
wo's gab ein paar Getränke.

Als die Mutter bestellen sollt
-s ie sagte es vielleicht gewollt -
„Ich hätte gern 'nen Kinderwunsch!"

„Damit kann ich nicht dienen",
sagte der Mann, der wollt' bedienen.
„Haben Sie denn keinen Mann,
der das richten kann?"

Dieser stand daneben,
war ziemlich überrascht.
Zumindest hat er einmal
seine Frau vernascht.

Die Frau war sehr verlegen
ob dieses Freudschen Klopps'.
„Das kann noch warten mit dem Wunsch.
Ich möcht' nur einen Kinderpunsch!"

Das Ruder

Ein Ruderer musste absaufen
und konnte nicht mehrt rudern.

Es ist ihm was gelaufen -
eben aus dem Ruder...

Mittel gegen Telefonterror

Ich habe gerade meine Telöefonanlage (ISDN) neu
eingerichtet, und zwar nach professionellen Kriterien.
Und dies mit einem Stimmenerkennungsprogramm,
welches sofort erkennt, was die Anrufer wollen. Zum
Beispiel: „Sie haben gewonnen!, blah, blah, blah..."
oder ähnlicher Marketingtelefonterror.

Mein automatischer Operator – ich habe diesen selbst besprochen – antwortet, wie wir es von Warteschleifen der Servicenummern kennen, je nach Gehalt der Aufdringlichkeit:

„Möchten Sie eins in die Fresse haben? So drücken Sie die 1."
„Möchten Sie ersäuft werden? So drücken Sie die 2."
„Möchten Sie erhängt werden? So drücken Sie die 3."
„Möchten Sie erschossen werden? So drücken Sie die 4."

Möchten Sie lieber verhaftet werden? - So drücken Sie die 110!"

Verwandlung umgekehrt

Jesus führte den Menschen vor, wie man Wasser in Wein verwandelt. Ich kenne einen Wirt, der kann das umgekehrt: Wein in Wasser verwandeln!
Wie das geht? - Man bestelle bei ihm lediglich ein Weinschorle...

Sockenklau oder: **Warum Socken und Waschmaschinen sich nicht vertragen**

Es gibt viele Dinge, die man verliert oder verlegt. Entweder man findet sie wieder oder sie sind für immer weg. Manches allerdings grenzt an Zauberei oder Spuk. Magier und Geister schleichen sich, wahrscheinlich nachts oder wenn man nicht zuhause ist, in die Wohnung und lassen Dinge verschwinden.
Aber für Socken in der Waschmaschine sind diese Geister nicht zuständig oder gar verantwortlich.

Denn: wir bleiben zuhause, wenn die Waschmaschine läuft, wegen möglicher Schäden.
Man hat die gebrauchten Socken paarweise sortiert und diese mit anderer Wäsche in die besagte Waschmaschine getan. Nach Beendigung der Waschgänge müsste logischerweise eine gerade zahl an Socken wieder herauskommen und auch farblich zuzuordnen sein. Denkste!
Diese Waschmaschine richtet sich nicht nach dem einfachen Zahlenspiel von Adam Riese und Eva Zwerg, nein, sondern bewegt sich in anderen mathematischen Sphären, wie Primzahlen, also 7 Socken statt 8, bis hin zur Infinitesimalrechnung, d.h. Die schweben mit Lichtgeschwindigkeit in die Unendlichkeit des Weltalls, bis zum nächsten Urknall. Dann besteht ja noch Hoffnung, dass man sie einmal wiederbekommt.
Es entstehen dabei manchmal seltsame Sockenpaarkonstellationen, wie z.B. Eine schwarze socke und eine blaue verschwindet. Also bleibt ein ungleiches Paar übrig., nämlich eine schwarze und eine blaue.
Die ziehe ich dann an, denn ich lege nicht so viel Wert auf Kleidung. Oder ich trage höheres Schuhwerk oder überlange Hosen von der Stange, denn meine Beine sind für diese eh etwas zu kurz.
Ich bin nicht der Überzeugung, dass, wenn man einen Raum mit vielen Leuten betritt, alle einem auf die Socken schauen. Oder man sitzt am Tisch und alle Tischnachbarn bücken sich unter den Tisch und beäugeln meine Socken. Und so oft komme ich nicht zum Arzt oder als Notfall ins Krankenhaus. Wir denken dabei an unsere Mütter, die da immer sagte: „Zieh' dir frische Socken und eine frische Unterhose an! Man weiß ja nie!"

Also, mit unfrischen Socken wird man schlecht oder gar nicht behandelt?

Wäre dies der Fall, hätte ich einen Trumpf im Ärmel: Ich würde sagen: „Ich bin Privatpatient, und meine Socken kriegen Sie geschenkt!"

Eine andere Sockenkuriosität ergab sich, als dieses ungleiche Sockenpaar wieder einmal gewaschen wurde. Man glaubt es nicht, aber die blaue Socke war verschwunden, aber dafür war eine schwarze zu viel herausgekommen, d.h. Ich hatte wieder ein vollständiges unifarbenes Sockenpaar. Und die Waschmaschine? - Klar, ein blaues!

So war die Waschmaschine zur Sockentauschbörse mutiert.

So ging das ein paar Mal mit verschiedenen Sockenpaaren, und logischerweise behielt die Waschmaschine ein Paar bei sich.

Da ich keine Lust hatte, mir immer wieder neue Sockenpaare zu kaufen – Einzelkaufmöglichkeiten sind mir nicht bekannt -, beschloss ich, der Sache auf den Grund zu gehen.

Ich öffnete nach und nach alle Öffnungsfächer, die es gibt: Flusensieb, Waschmittel- und Weichspülereingabefach, aber vergebens, keine Socken zu sehen. Ich löste danach den Abflussschlauch heraus und fühlte dort hinein bzw. nahm einen stabilen Draht und stocherte hinein, in der Hoffnung, die ein oder andere Socke herauszufischen. Auch dies war vergeblich! Als nächstes öffnete ich das Trommelfenster, schaute hinein, um eventuell eine Klappe zu entdecken, die z.B. beim Schleudergang auf und zu geht und Socken verschlingt. Gab's nicht! Dann können es nur die Seitenränder der Trommel sein, ein Schlitz, wo Socken durch passen.

Ich machte den Test und versuchte eine nasse Socke durchzustopfen.
Aber vergebens, sie passte nicht durch – und trocken schon gar nicht!
So bliebe nur noch eine Möglichkeit, um das Geheimnis zu lüften: ein Fachmann muss her und die Maschine auseinander nehmen, um endlich die Geheimfächer für Sockenablage und – wiederherausgabe zu finden.
Doch war es uns schließlich und endlich zu kostspielig, nur wegen ein paar Socken!
So bleibt uns dieses Mysterium erhalten. Ich vermute sowieso, dass die Hersteller Mittel und Wege gefunden haben, Geheimfächer zu installieren, sodass bei einem Auseinanderbau diese gar nicht gefunden werden.
Übrigens: Morgen trage ich eine blaue und eine grüne Socke!

Das neue Auto

Ich probiere aus ein Auto neu,
die Probefahrt ich gar nicht scheu'

Es fährt sehr gut und ist auch wendig,
parkt ein und lenkt selbständig.

Es ist die neue Marke 'Nom',
werd' kaufen mir dies Auto 'Nom'!

Ein Schelm

Ein Schelm
trug keinen Helm,
ritt los zu Pferde munter.

Doch plötzlich
fiel er runter.

Es geschah am Wassergtaben,
dort ging er völlig baden.

Das Wasser hat zwar Sauerstoff,
doch trotzdem er darin ersoff.

S'wäre auch passiert
dem Schelm...
mit Helm!

Kapernfahrt

Die Fischer gehn auf Kapernfahrt
sie's immer tun auf ihre Art.

Sie haben sehr feine Netze,
zu fangen ein die Kapern.

Und wenn sie dann zurück an Land,
feiern sie mit Gehoppse.

Sie bereiten dann gleich zu am Strand

...Königsberger Klopse!

Bobrennen

Es trafen sich mehrere Männer mit dem Namen 'Bob' oben am Eiskanal. Auf ein Startkommando rannten all' diese 'Bobs' den Eiskanal hinunter. Ich fragte einen Zuschauer: „Was ist das hier?" Er entgegnete: „Ein Bobrennen."

Später erfuhr ich, dass sich die ersten vier weiterqualifiziert hatten: Sie durften Viererbob fahren.

Zwei 'Bobs' aus dem Viererbob verunglückten bei diesem Rennen tödlich. Daraus entstand der Zweierbob.

Mit dem Golf nach Neapel

Die Arbeit, die hat mich geschafft,
s'wird Zeit, dass ich mal Urlaub mach'.
Nehm' meinen Golf, denk: 'Fahr mal hin!',
hinunter gen Italien.

Ich fahr mit dem Golf
Ich fahr mit dem Golf
Ich fahr mit dem Golf
nach Neapel.

Ich fahr sehr flott, ich fahr sehr schnell
durch die Schweiz und Norditalien.
Hinter Rom merk ich dann, wo ich bin,
bin mitten in Neapel.

Bin gefahrn mit dem Golf
Bin gefahrn mit dem Golf
Bin gefahrn mit dem Golf
nach Neapel.

Hier steht er nun
Hier steht er nun
Hier steht er
am Golf von Neapel.

Ich geh zu Fuß, schau die Stadt mir an
und genieße das Ambiente.
Ich geh danach am Hafen lang
und füttere eine Ente.

Ich beschließe dann, weiterzufahrn,
weiter südlich nach Kalabrien.
Dort werd' ich dann länger ausharrn,
als hier in Zentralitalien.

Bin gefahrn mit dem Golf
Bin gefahrn mit dem Golf
Bin gefahrn mit dem Golf
nach Neapel.
Hier steht er nun
Hier steht er nun
Hier steht er
am Golf von Neapel.

Ich gehe jetzt recht flotten Schritts
zu meinem Parkplatz hin.
Bei ziemlich großer Mittagshitz'
gelang' ich schließlich hin.

Doch Schreck, oh weh, was ich da seh,
ist ein Parkplatz leer.
Ich kann nicht weiterfahren mehr,
und das tut richtig weh!

Hab keinen Golf,
hab keinen Golf,
hab gar kein Fahrgestell!

Was mir nur bleibt,
was mir nur bleibt
ist der Golf von Nea-pell.

Die Ballade vom Dandy mit dem Handy

Der Dandy mit dem Handy
schreitet durch die Stadt,
klamottenhochgestylt
zeigt er, was er hat.

Den Koffer trägt er rechts,
das Handy links am Ohr.
Geht ins Kommerzgefecht
und kommt sich super vor.

Er setzt sich vors Cafe,
phoned ohne Unterlass,
und schlürft dabei Frappe,
ißt eines Snackes Fraß.

Doch nach zwei langen Stunden,
da kann er wohl nicht mehr
telefoniern und chatten.
Vielleicht ist's Handy leer?

Doch falsch geraten dies',
das Handy bleibt aktiv.
Er will es stecken weg
aber dies hat keinen Zweck.

Da packt das Handy zu
an Wange und Ohr im Nu.
Saugt sich so fest es kann
und lässt nicht los den Mann.

Er zieht und zerrt vergeblich
am Monsterhandy rum.
Doch da fährt Bestienhandy
Saugarme um ihn rum.

Sie wickeln sich sehr schnell
um Dandys Kopf und Kragen
und drücken immer stärker,
was geht auf Darm und Magen.

Er sieht die groß' Gefahr,
versucht 'nen Hilfeschrei.
Doch ist er ganz umgarnt
von Monsterknäuelei.

Er ringt nun mit der Bestie
um seines Lebens Kraft.
Er ist kaum mehr zu sehen
Ob ihn das Monster schafft?

Will denn hier keiner helfen!?
Der Mann ist doch in Not!
Er fällt in Agonie
und bald ist er wohl tot!

Die Leute auf dem Platze,
die sehn das alles nicht;
denn alle haben ihr Handy
augenblicklich im Gesicht.

Des Monsters Arme schrumpfen
dchnell zur Normalität.
Das Opfer liegt am Boden,
und kein Hahn nach ihm kräht.

Das Handy macht Geräusche,
die gar kein Mensch versteht.
Doch Handys sie empfangen
und's Martern weitergeht.

Der Platz ist nun ganz voll
mit Leichen übersät.
Die Handyblutsaugmonster,
sie liegen da dick und fett.

Die Stadt ist angesteckt,
die Seuche ist enorm,
wie Pest vor langer Zeit,
- nur in moderner Form!

Der raffinierte Zucker

Der weiße Zucker überlegt,
zu spielen einen Streich.
Sich dann aus seiner Dos' bewegt
und ins Salztöpchen schleicht.

Ein Mann will essen Spiegelei,
hat zubereitet deren zwei.
Salzt kräftig nun die Eier ein.
Denkt so bei sich: 'S'wird schmecken fein!'

Er schiebt den ersten Bissen rein,
hält inne voll Erstaunen:
'Warum schmeckt dieses Spiegelei
so süß auf meinem Gaumen?'

Da lacht der Zucker ungeniert:
„Ich bin halt...raffiniert!"

Keine sieben Brücken musst du nehm'n (frei nach dem Lied: „Über sieben Brücken musst du gehn")

Manchmal steh ich auf der Neckarbrück',
wünsch mir dabei manchen Zahn zurück;
denn ich habe so der Lücken viel.
Diese zu schließen, ja, das ist mein Ziel.

Steh mal wieder auf besagter Brück',
hab mit meinen Zähnen nicht viel Glück.
Da fällt mir aus ein weitrer Zahn,
wofür ich eigentlich nichts kann.

*Über sieben Brücken muss ich krieg'n,
Sieben Arztbesuche überstehn.
Tausend Mal bohrt er in meinem Mund,
und das immer Stund' um Stund'.*

Und der Zahnarzt sagt ganz nett zu mir:
„ Sieben Brücken gar nichts nützen dir.
Du brauchst statt sieben doch nur zwei,
eine oben, eine unten, einerlei."

Hab' statt sieben jetzt doch nur zwei.
Meine beiden Kiefer sind jetzt zähnefrei.
Die Prothesen sehn wie Sterne aus,
leuchtend komm'n sie nachts heraus.

*Keine sieben Brücken musst' ich nehm'n,
konnt' Zahnarztbesuche überstehn.
Kein Zahnarzt bohrt mir in meinem Mund,
und ich spare Stund um Stund'.*

Grünkohl (frei nach dem engl. Traditional
„Greensleves")

Du kochst, my love, gern Grünkohl,
die Würste du beim Mezger holst.
Den Grünkohl nimmst vom lokalen Bauer,
wenn er ausverkauft, ich das bedauer.

*Grünkohl ist mein Leibgericht,
und ich nehme zu an Gewicht.
Auf Grünkohl vezicht ich nicht.
Hier habe ich keine Einsicht.*

Mit Liebe kochst du norddeut sch' Gericht.
Magst es auch, hast strahlend' Gesicht.
Die Zubereitung dauert lang.
S'wird wie immer gut, mir ist nicht Bang'.

Grünkohl ist mein Leibgericht,
und ich nehme zu an Gewicht.
Auf Grünkohl vezicht ich nicht.
Hier habe ich keine Einsicht.

Doch jetzt sagst du 'Farewell, adieu!'
und läßt mich hier allein zurück.
Ich krieg nicht mehr Grünkohl, ohjeh.
Da werde ich nun sehr verrückt.

Grünkohl war mein Leibgericht,
nehm' nicht mehr zu an Gewicht.
Auf Grünkohl ich nun vezicht.
Und dieses mir das Herze bricht.

Askese

Der Asket, er hat ein Ziel:
Er lebt nach der Askese.

Hatte des Gewichts zu viel,
weil er nur aß Käse!

Buttermesser

Ich habe einen Pulsmesser
zu messen meinen Puls.

Jetzt krieg ich einen Buttermesser.
Was soll ich mit dem bloß?

Ich will nicht Butter messen,
sondern sie nur essen!

Jens aus Aurich

Jens aus Aurich,
der war traurich
saß für sich
und wollte nicht
zeigen sein Gesicht.

Und wenn du bist ne Frohnatur,
verweile dann woanders nur.
Doch bitte nicht in Aurich,
dort wirst du sonst nur traurich.

Martinshorn

Ich komme aus des Feldes Korn
und hör von vorn das Martinshorn.

Und was mich dabei stört:
Hab's bis jetzt nur gehört.

Ich würd es gern mal sehen

–...des Martins Horn!

Zahnlos im Urlaub

Ich war mal in den USA,
und zwar ganz im Nordwesten.

Im Mund komisch' Geschmack da war,
ging zu Zahnarzt, dem besten.

Er sagte: „Ich muss reinigen
die vollständig' Prothesen!"

Ich könnt' solang die Stadt ansehn,
flanieren oder lesen.

Damit ich find' die Praxis wieder,
gab er mir nen Zettel.

Die Straßen ging ich auf und nieder,
war zahnlos in Seattle.

Das Lämmlein in Not

Julia, Sophia und ich waren nach der Schule auf dem Heimweg mit unseren Rädern. Wir wohnten etwas außerhalb in einem Vorort einer Kleinstadt. Es war sehr schönes Wetter und wir genossen das Radfahren auf einem glatt asphaltierten Radweg, der zwischen einer Verkehrstraße zur linken und den Bachauen zur rechten sich entlang schlängelte.
Nach ungefähr zwei Kilometern rief Julia, die vorausfuhr: „Schaut mal dort vorne. Eine Schafsherde!". Sophia und ich nahmen diese sofort auch wahr, und allmählich naherten wir uns der Herde. Es war ein mit drei Elektrozaunbändern umsäumtes Auwiesenareal, welches sich bis zum Hecken- bzw. Buschwerk des Baches hinzog. Die Herde zählte schätzungsweise dreißig Tiere, darunter einige Lämmer.. Doch eines erschien uns seltsam: Die ganze Herde blöckte und befand sich in einer Richtung des Zaunes bewegend. Ein Schäfer und sein Hund waren nicht zu sehen.
Sophia schlug vor:
„ Lasst uns mal um den Zaum herumgehen, zur Herde hin. Mal gucken, was da los ist!"
Wir liefen um den Zaum herum und entdeckten plötzlich ein Lämmlein ,dass sich irgendwie aus dem Innareal durch die Zaunbänder nach außen begeben haben musste. Als wir uns ihm näherten, lief es ängstlich davon Richtung Straße, auf der doch ab und zu reger Verkehr herrschte.

„Wir schneiden ihm den Weg ab!", sagte ich. Zu dritt bildeten wir eine Art Kette und konnten somit das Lämmlein an seinen ursprünglichen Ausganspunkt zurückdrängen. Dort hatte es wenig Spielraum, um zu entkommen, da das Buschwerk bis fast an den Zaun reichte.
„ Wir treiben es jetzt zwischen dem unteren und mittleren Zaunband hindurch in das Innere. Markus, du hältst das mittlere Band mit einer Hand hoch und trittst mit einem Fuß das untere nach unten, Sophia und ich treiben es dann hinein."
Die Herde blökte während dessen unaufhörlich aufgeregt in unsere Richtung.
„Aber der Zaun ist doch geladen!", sagte ich mit zitternder Stimme.
„Sei keine Memme!", entgegnete Julia barsch und bestimmend. „Es ist doch nur Niedrigstrom, nur ein paar Volt!".
Ich überwand mich, griff zähneknischend zu und hob das mittlere Band hoch, während ich mit meinem rechten Fuß auf das untere trat.
„Beeilt euch, ich kann das nicht ewig aushalten!"
Julia rechts und Sophia links vom Lamm schoben es so schnell sie konnten durch die entstandene Zaunlücke, während die anderen Schafe immer lauter und aufgeregter blökten. Ich nehme an, das war vor Freude. Endlich hatten sie ihr kleines Herdenmitglied wieder!
Ich hatte mich in diesen Sekunden der Rettung an die minimalen Stromstöße gewöhnt, es war wie ein dauerhaftes Kribbeln.

Das Lämmlein mischte sich unter die Herde. Wir schauten noch eine kleine Weile auf die Schafe und machten uns dann auf, unsere Räder zu holen. Da geschah etwas Erstaunliches.: Die gesamte Herde lief uns nach und stimmte ein unisono- „Bäh" an, als wollten die Schafe uns ein Dankeschön sagen. Wir fuhren dann allmählich los, während die Schafe sich immer noch „bedankten". Mehrere hundert Meter weiter entfernt hörten wir sie noch, doch mit zunehmender Entfernung klang das wohlige Sonore zuende.

Zuhause in unserem Viertel verabschiedeten wir uns voneinander, und jeder hatte ein gutes Gefühl nach dieser Rettungsaktion. Wir waren ein bißchen stolz auf uns. Die nächsten Tage war dies natürlich das Hauptthema überall, und alle, denen wir es erzählten, hörten uns gespüannt und fasziniert zu.

Auf Reisen

Am Weserstein

In Hannoversch-Münden
sind der Flüsse drei,
wo Fulde, Werra münden
in die Weser rein.

Doch woher kommt die Weser?
Aus der Erden Tiefe?

Geschrieben ist's für'n Leser
auf dem Weserstein.

Die Fulda küsst die Werra,
vielleicht auch umgekehrt.
Und Fulda sowie Werra
sich nicht dagegen wehrt.

Zusammen werden sie Weser,
das finde ich ganz cool.
Doch ich glaube, lieber Leser:
Die beiden, die sind schwul!

Oder (*wegen Correctness!*)

Zusammen werden sie Weser,
die ist jetzt niedersächsisch.
Doch ich glaube, lieber Leser:
Die beiden, die sind lesbisch!

Rügen

Ich war einmal auf Rügen,
in einem toll'n Cafe.
Ich wollte etwas kriegen,
und zwar einen Frappe.

Der Kellner aber brachte
- (was ich nicht von ihm dachte) -
einen ganz normal'n Kaffee.

Ich will ganz offen sagen
und schon gar nicht lügen -

Ich musst' den Kellner rügen!

Borken (Eder)

Wir rasteten mal in Borken,
einem der Eder Orten.

Dort trafen wir einen Schäfer,
der zeigte uns einen Käfer.

Es ließ erahnen der Schäfer
den Herkunftsnamen vom Käfer.

Der Kontinent

Es war vor vielen Jahren
ein Urkontinent geboren.
Er teilte sich am Ende
in viele Kontinente.

In ihnen und um sie
gibt's der Wasser viel.
Drum ist es nicht verwunderlich
und wird auch sehr, sehr deutlich,
dass so ein mancher Kontinent
ist oftmals...inkontinent.

Die Spree

Erfunden an der Spree
wurde einst das Spray.

Doch nicht zu unsrem Entzücken,
sondern gegen...Mücken.

Die Spreewaldgurke

Wir 'gurken' durch den Spreewald
alleine mit dem Rad.
Und plötzlich sehn wir Ewald
aus dem Seewald. *

„Hallo, Ewald, auch im Spreewald?"
„Ja, geschlossen hat das Seewald.
Deshalb bin ich hier
und trinke Babbenbier."

Plötzlich kommt 'ne Gurke,
die nach dem Wald benannt,
schnell und hetzig angerannt.
Und Ewald, dieser Schurke,
verfolgt die arme Gurke.

Ich rufe:

„Ewald, lass' die Gurk' aus Senf,
sie will nach Genf
zum Baden an den See
und weg hier von der Spree!"

Doch zieht er 'ne Harpune
-es gibt hier keine Lagune,
wohin die Gurke könnt' entfliehn-.
Wird sie den Kürzeren ziehn?

Sie hetzt ins Fließ
und Ewald schießt.

Doch da kommt auf die Schnelle
eine wendige Forelle
und verschlingt die Gurke
auf der Stelle.
Ewald flucht und motzt
und die Forelle kotzt
die Gurke wieder aus;
denn saure Gurke ist kein Schmaus.

Die Gurke taucht durch's Fließ,
um zu entrinnen
und sich in Sicherheit zu bringen.

Ewald sagt: „Ich geh' nach Hause
und gönn' mir 'ne Fassbrause!"

Im Gurkenmuseum zu Lehde
sehn wir die Gurke wieder,
nicht verstört, sie ist zwar nass,
aber sicher hinter Panzerglas,
wie's sich für'n Museum gehört.

Im Spreewald flieht jetzt Ewald,
dieser Schurke
vor einer Riesenmonstergurke...
wahrscheinlich heim ins Seewald.

(* Seewald = Pub bei Grünmettstetten, hinter Horb a.N.)

Gurkenmuseum in Lehde

Hier geht man v.a. wissenschaftlich-empirisch der Frage nach: „Wie kommt die Gurke ins Glas?"
Ich nehme an, die Polen rennen den Gurken mit offenen Gurkengläsern hinterher und lassen sie dann hineinspringen. Danach verschließen sie das Glas mit einem Deckel und fertig ist die Laube!

Die Bar

Ich kannte einen Hansi,
der hatte eine Bar.

Doch zog er weiter weg
zum fernen Ozean.

Für des Unterhaltes Zweck
macht' er wieder auf ne Bar.

Er heißt jetzt nicht mehr Hansi,
sondern schlichtweg Sansi;
denn diese seine Bar,
die liegt in Sansibar!

Gedanken oder Ungedanken?

Es gibt Gedanken,
und wenn man nicht denkt
und sie keiner lenkt,
sind es dann Ungedanken?

Ich glaube, das weiß nicht jeder,
Vielleicht wissen es die Leute
hier in Ungedanken,
bei Fritzlar an der Eder.

Der Mann aus Katmandu

Hey, Mann, du
aus Katmandu
wann ziehst weg du
aus Katmandu?
Zu Peggy Sue

nach Peru?
Was dort machst du?

−Ach,
Du machst Schuh'!

Schickst sie dann, du
oh, Mann, du,
nach Katmandu?

Nahe

Wir fuhren meist ganz nahe
mit dem Rad entlang der Nahe.

Wir konnten nicht näher hingelangen,
sonst wären wir dort untergegangen.

An der Elbe

Ich such manchmal in der Elbe
das Gelbe, das Gelbe vom Ei.

Doch ist es immer dasselbe:
Es gibt die Elbe das Gelbe,
Das Gelbe vom Ei nicht frei!

Neues aus Buthan

Ich ging von Nepal nach Buthan
dort wurde ich fast krank,
denn als ich da ankam,
roch ich 'nen Gestank.

Ich fragte, wo der herkam:
„Ist das Gas aus Buthan?
Ist da was nicht dicht?"

„Nein, mein Herr, das ist es nicht.
Es kommt von nebenan!"

„Wieso von nebenan?
Was liegt denn da genau?"

„Ja, da liegt doch Methan!
Da kommt's manchmal her.
Doch manchmal auch aus Propan,
das bedauern wir sehr!"

Rabatt

Ich ging mal so einkaufen
und hoffte auf Rabatte.

Da sagte ein Verkäufer:
„Da müssen sie weit laufen!"

Ich fragte: „Ja, wohin denn?"
Da sagt er einfach so:
„Ins schöne Marokko!"

Da gibt's ne schöne Stadt,
wo's gibt dann auch Rabatt,
weil die Stadt so heißt: Rabat!"

Stalingrad – jetzt Wolgograd (keine Kriegsgeschichte!)

Ein Lada steht in Wolgograd
mit offenem Verdeck.

Der Ladafahrer holt sich Rat
in einem Kaufhaus fein.

Er will nämlich ein Besteck,
das sollt' aus Silber sein.

Doch er unvorsichtig ist,
hat Schlüssel nicht eingesteckt.

Als er wieder zum Auto will,
ist dieses leider weg.

Er fragt 'nen Bürger von Wolgograd,
ob er was gesehen hat.

Der sagt: „Ja, da war ein Mann,
der fuhr mit dem Auto weg.
Nun schaun Sie nicht so traurig drein,
er wird es bringen wieder."

Der Ladafahrer sinkt darnieder:
„Den sehe ich nie wieder!
Denn dieser Dieb aus Wolgograd
...Er stahl ihn grad!"

Aha*

A: Woher kommen Sie?

B: Aha.

A: Aha?

B: Ja, Aha.

A: Aha? Woher?

B: Aus Aha!!!

A: Aha!

(* Altmühltal)

Rank und Schlank? (Illertal)

Auf einem grünen Schilde mit gelber Schrift las ich den Ortsnamen 'Rank'. Ich dachte, dann müsste bald der Ort 'Schlank' kommen. Doch er kam nicht, und wen wir auch fragten, keiner kannte diesen Ort.
Schade! Ich hätte gerne ein paar Pfunde weniger und wäre rank und schlank.

All und Gäu

Einer flog ins All,
der andre fuhr ins Gäu.
Sie trafen sich im Heu,
das lag rum im Allgäu.

Antwort

Wer Fragen hat,
der möge doch
an den Simsee gehen.
Da gibt's nen Ort,
der heißt 'Antwort':
Ihm wird dann geholfen dort!

Dittenheim (Atlmühltal)

Die Süddeutschen (z.B. Franken, Sachsen Schwaben etc.) sprechen das authentisch aus. Doch würde ein Norddeutscher fragen:
„Wo kommen Sie her?"
„Aus Dittenheim."
So könnte der Norddeutsche, der die süddeutschen Dialekte etwas näher kennt, auch vermuten:
„Sie kommen aus Tittenheim! Wie schön. Da fahr ich auch mal hin..."

Schweinkofen (Altmühltal)

Ein Berliner kam nach Schweinkofen und fragte einen Mann:
„Wo kann ick hier det Schwein kofen?"
„Schweine kaufen? Das kann man hier nicht!" entgegnete der Einheimische.
„Aber da steht's doch dranne, uff dem jelben Schild: 'Schweinkofen'!"
„Ach, Sie meinen das Ortsschild. Ja, früher gab's hier viele Schweine, daher der Name. Aber 'kofen' hat eine andere Bedeutung als bei Ihnen in Berlin. Das heißt so was wie 'hof', 'hofen' mit Lautverschiebung von 'h' nach 'k'."
„Det müsst ick eijentlich wissen. Ick war mal in der Oberpfalz, in Tittenkofen. Da ha' ick 'ne Frau jefracht, ob ick hier Titten kofen könnte. Da hat die mir ene jeschallert. Und als ich ihr von dem Ortsschild erzählte, hat se so wat von sich jejeben wie: 'hau bloß ob, du Saupreiß, du damischer, sonst griagst no oane!' Da muss ick irjendwat falsch verstanden haben."

„Ja, so entstehen Missverständnisse. Passen sie auf mit Ihrem 'kofen', z.b. wenn Sie nach Plattenhofen kommen. Die haben dort nur CDs und mp3-player. Ganz schlimm wäre Ihre eingangsfrage in Pfaffenhofen! Na, ja, vielleicht ist der ein oder andere käuflich? - Sie wissen jetzt Bescheid, ja?"
„Ja, da ha ick aber Schwein jehabt, Sie jetroffen zu haben. Auf Wiedersehn und allet Jute!"

Pension „Jägers Ruh"

Wir kamen mit unseren Rädern total fertig in einem kleinen Dorf im hügeligen Bergland Nordhessens, nahe des Edersees, an. Man hatte uns bei der Tourist-Info ein Doppelzimmer vermittelt; denn im Tal war alles ausgebucht.
Die Wirtin der Pension „Jägers Ruh" empfing uns freundlich und wies uns das Zimmer zu. Dieses war recht schlicht, aber wir waren froh, überhaupt noch eins bekommen zu haben.
Nach der Anstrengung plagte uns natürlich der Hunger und wir fragten die Wirtin, ob es hier was zu essen gäbe. Sie teilte uns mit, es wäre Mittwochabend und alle drei Gasthäuser - einschließlich „Jägers Ruh" - in dem Ort hätten Ruhetag. (immer von Montag bis Mittwoch!).
Für Getränke war gesorgt, aber zu essen? - Nichts!
Die Wirtin empfahl und einen italienischen Pizza-Service, den wir anrufen könnten. Das taten wir und nach einer halben Stunde wurde geliefert – Spaghetti Bolognese.
Gott sei Dank war am nächsten Tag Donnerstag, denn da gab es Frühstück!

Die Nacht war nicht ganz so ruhig, denn in beiden Betten brachen vier Holzquerlatten des Lattenrostes in der Mitte heraus und unsere Hüften sanken nach unten ab. Reparieren nütze nichts, es passierte immer wieder.

Wir überlegten: Wenn man dort Urlaub macht ab Sonntagabend, müsste man sich drei Tage selbst versorgen. Einen Laden gab es dort nämlich nicht!
Ich dachte dabei an den Namen der Pension: „Jägers Ruh".
Ich glaube die Jäger, die hier ruhten, haben sich ihr Essen, zumindest montags bis mittwochs selbst in den umliegenden Wäldern geschossen – genügend Jägerhochsitze haben wir ja gesehen – oder sie sind verhungert und fanden in dieser Pension die letzte Ruhe.
Daher vielleicht der Name!? Besser wäre: „Zur letzten Jägers Ruh"! Noch besser: „Zur letzten Bikers Ruh'!"...

Abenddämmerung in Bukarest

Am Ende einer interessanten Sightseeing-Tour hatte ich noch ungefähr drei Bilder vom Sechsunddreißiger-DIA-Film in der Kamera.
Es war kurz vor Sonnenuntergang, und ich wollte den Film noch vollmachen.
Ich sah vor mir ein großes neoklassizistisches Gebäude, nahm meinen Fotoapparat und knipste.
Plötzlich tippt mir jemand von hinten auf die Schulter.
Ich drehte mich um, es stand ein Polizeibeamter vor mir. Mir wurde ganz mulmig und ich fragte mich, was ich falsch gemacht hätte.

Der Polizist sagte mit bestimmendem Ton: „Veniti!"
(„Mitkommen!"). Er geleitete mich in ein etwas
kleineres Gebäude, dessen Innenraum einem
heruntergekommenen Theatersaal glich.
„Camera si Passaport, va rog!", forderte er mich auf.
Ich händigte ihm daraufhin meine Kamera und meinen
Reisepass aus. Er verschwand damit in einem
Nebenraum. Mir fingen an, die Knie zu schlottern und
ich setzte mich auf einen Stuhl, der da rumstand.
Mir gingen die unterschiedlichsten Gedanken durch den
Kopf: 'Werde ich jetzt verhört? Verhaftet? Wie lautet
die Telefonnummer von Außenminister Genscher oder
die der deutschen Botschaft?
Darf ich überhaupt telefonieren? Vermuten die in mir
einen Spion? Hab ich was Verbotenes fotografiert?'
Dann versuchte ich, mich selber zu beruhigen: 'Im
schlimmsten Fall konfiszieren sie den Film!'

Nach einer halben Stunde, die mir wie eine Ewigkeit
vorkam, kam der Polizist zurück. Ich erklärte ihm, dass
ich nur historische Gebäude und Kirchen fotografieren
würde. Er meinte, dass es dabei bleiben solle und gab
mir meine Kamera und meinen Reisepass zurück. Ich
konnte gehen, ein Stein fiel mir vom Herzen.
Draußen schaute ich auf meine Kamera. Was mich
erstaunte, war: Der Film war noch drin! Zählerstand:
36. Glück gehabt!

Aber mal ehrlich! Wie ein Agent sah ich eigentlich auch
nicht aus mit meinem ausgebleichten gelben T-Shirt,
meinen verwaschenen Jeans-Shorts und meinen
blassbraunen Birkenstocksandalen...

Im Nachtzug von Bukarest nach Constanza (Frühjahr 1985)

Nach ewigem Anstehen am Fahrkartenschalter des Bukarester Hauptbahnhofes bestieg ich einen Waggon, und nach einer Weile fuhr der Zug endlich los.
Ich wollte ans Schwarze Meer, um es kennenzulernen und auch um zu baden.
Der Zug war voll. Ich ging ab und zu in den Gang, um zu rauchen und mir die Beine ein wenig zu vertreten.
Neben mir standen auf einmal drei junge Männer und sprachen mich auf englisch an. Es war das Übliche: Wie ich heiße, woher ich komme, wohin ich wolle etc. Ihrerseits erzählten sie mir, dass sie eine Woche auf einem Campingplatz in Constanza Urlaub machen wollten.
Wir redeten sehr leise über Politik und das Regime 'Ceaucescu', und sie sagten mir, dass sie ihm am liebsten den Tod wünschen würden.
Kurz vor Ankunft in Constanza fragte mich einer der drei, ob ich DM oder Dollars hätte. Sie würden gerne etwas tauschen, um ab und zu in eine Hotelbar oder Disco gehen zu können. Sie dachten an je zwanzig DM. Dafür boten sie mir insgesamt dreihundert Lei an.
Ich wollte schon das Geld aus der Tasche ziehen, da stoppten sie meine Aktion und sagten:
„Not here! Wait till Constanza Railway Station!"
Wir kamen im Morgengrauen an, stiegen aus und begaben uns auf den Vorplatz des Hauptbahnhofes. Wir gingen etwas zur Seite und einer meinte: „Here we can change!"
Ich schaute mich um und bemerkte, dass wir vor einer kleinen Poliziestation des Bahnhofes standen.

In den Räumen war noch alles dunkel. Ich flüsterte:
„Are you crazy? This is a police-station!"
Einer entgegnete mir leise: „This is the safest place for changing money, believe me!" Die drei hatten schon das Geld parat, und ich zog die sechzig DM aus der Hosentasche. Just bei der Übergabe gingen die Lichter in der Polizeistation an und wir steckten schnell das getauschte Geld weg. Die Polizisten hatten nichts gemerkt. Gott sei Dank! Wir entfernten uns langsam und ruhig von dem Gebäude, aber ich schaute immer mal wieder zurück, ob nicht doch ein Polizist oder sonst wer verfolgte. Dies war Gott sei Dank nicht der Fall. Nach ein paar hundert Metern blieben wir stehen und verabschiedeten uns fröhlich.
Ich wünschte den dreien einen schönen Urlaub und machte mich auf die Suche nach einem Hotel in Strandnähe.
Im Dezember 1989, als Ceaucescu verurteilt und hingerichtet wurde, musste ich an die drei Rumänen denken...Ihr Wunsch hatte sich erfüllt!

'Otzet' *oder* **Ein Tag in Siebenbürgen**

Ich fahr durch Siebenbürgen
mit dem Bus und Zug.
Hab schon viel gesehen,
doch eben nicht genug.

Der Zug rauscht durch die Berge
bei gleisend Sonnenlicht.
Seh Büffel auf der Weide,
viel Wälder dicht bei dicht.

Am Bahnhof angekommen,
geh ich in die Stadt.
Auf Häuserdächern prangen
Emailleziegel satt.

Die Stadt, sie mich bezaubert,
die Leute wirken fahl.
Wie lang hat's schon gedauert,
dass man die Freiheit stahl?

Ich fühl mich fast frei
im freiheitslosen Land.
Irgendwann geht's vorbei,
wie Burgen gebaut aus Sand!

Am späten Nachmittage
werd ich langsam müd'.
Der Durst, der wird zur Plage,
er schlägt mir aufs Gemüt.

Ich komm' in einen Park
und lass mich nieder dort.
Ich seh 'nen Supermarkt,
'oh, ja, ein Labungsort!'

Ich schlendere hinein,
es stinkt etwas nach Fisch.
Kann wenig Neu-Latein,
ich seh' nen Flaschentisch.

Ne grüne macht mich an,
ich schaue aufs Etikett
mit Apfel und Zitrone,
darunter steht 'Otzet'.

Ein Wort, das ich nicht kenne,
es macht mir gar nichts aus.
Doch was ich daraus erkenne,
ist Limonadenschmaus.

Im Park öffne ich die Pulle,
Leute lachen laut.
Ich nehm 'nen kräftgen Schluck
und pruste ihn gleich raus.

Die Leute lachen heftig,
ich weiß jetzt auch warum:
Es handelt sich um Essig,
ich schäm' mich und bleib stumm.

So lern ich, wenn auch schmerzlich
ein neues Wort gewiss:
Otzet, das heißt Essig,
so was man nie vergisst!

Im Donaudelta (1985)

Es ist später Vormittag und ich fahre in einem
Schnellboot durch einen Arm des Donaudeltas nach
Sulina.
Im Hafen angekommen, gehe ich von Bord und
schlendere durchs Hafenviertel.
Plötzlich sehe ich ein Kriegsschiff. Am Ufer steht ein
kleineres Häuschen, eine Polizeistation.
Drinnen sitzt ein Polizist, die Arme und den Kopf nach
vorne auf einen Tisch gelegt. 'Er hält wohl sein erstes
Mittagsschläfchen', denke ich bei mir. Ich schaue mich
um, niemand ist zu sehen.

Ich zücke meine Kamera und drücke dreimal ab. So, das Schiff ist in der Kiste!
Fröhlich schlendere ich weiter, als wäre nichts geschehen. Da ruft mir plötzlich jemand hinterher: „Hallo!"
Es ist der Polizist von der Polizeistation. Ich drohe zu erstarren!
„Sie haben da etwas verloren!"
Ich schaue auf die Straße: Da liegt mein dünner Anorak. Er muss mir aus der Tasche gefallen sein. Ich bedanke mich beim Polizisten: „Multumesc, La Revedere!"
Habe aber immer noch schlotterige Knie.
Das fröhliche Dahinschlendern ist mir vorübergehend vergangen...

Rückfahrt aus Rumänien (1985)

Es war zwanzig Uhr, als ich die Rückreise mit dem Nachtzug von Bukarest über Arad, Budapest und Wien nach München antrat. Mittlerweile war es dunkel geworden und ich wollte mir die Beine vertreten. Am Ende des Waggons traf ich auf einen jungen Mann, der einen Schäferhund bei sich hatte. Wir rauchten eine Zigarette und kamen ins Gespräch. Er war Rumäne und wir unterhielten uns auf Englisch, sodass uns wahrscheinlich kaum einer verstehen konnte; denn wir waren nicht alleine auf dem Gang und Spitzel und Securitate waren fast überall präsent.
„Wo willst du hin?" fragte ich schließlich.
„Ich fahre nach Arad an die Grenze, um sie nochmals auszukundschaften.", antwortete er.
„Warum auskundschaften, und das bei Nacht?"
„Da ist es am unauffälligsten.", entgegnete er.

„Aber für welchen Zweck?" fragte ich erstaunt und gleichzeitig etwas neugierig.
„Ich habe schon drei Fluchtversuche unternommen, die leider alle gescheitert sind." Er schlug sein rechtes Hosenbein hoch und zeigte mir eine große Narbe im unteren Wadenbereich, die eindeutig von einer Schussverletzung her stammte.
Er fuhr fort: „Ich wollte über Ungarn nach Jugoslawien oder nach Österreich. War immer wieder im Knast, doch ich gebe nicht auf. Ich werde aus meinen Fehlern lernen, und das nächste Mal wird es klappen!" Er sagte dies mit einer gewaltigen Inbrunst an Überzeugung, dass ich fest glaubte, er würde es schaffen.
Wir erreichten schließlich den Grenzbahnhof Arad, es war kurz vor Mitternacht. Er verabschiedete sich von mir, und ich wünschte ihm alles erdenklich Gute und viel, viel Glück für sein Vorhaben.
Nachdem er und sein Hund ausgestiegen waren, verschwanden sie im gedämpften Licht der Bahnstation.

Zwischenfall an der Grenze (Tschechoslowakei - Bayrern, 1983)

Nach einer vierzehntägigen Teilnahme an einem internationalen Workcamp in Slusovice/Mähren in den Sommerferien 1983 und weiteren schönen Tagen in Prag, fuhr ich mit meinem VW-Käfer Richtung Grenze, um in der Nacht noch nach Hause, nach Tübingen, zu kommen.
Ich erreichte die Grenze so gegen 19 Uhr und mein Fahrzeug war das erste am tschechischen Grenzposten. Plötzlich hörte ich Schüsse und ich erschrak. Aufgeregt rannten die Grenzer hin und her.

Einer gab zu verstehen, dass ich mich und die Insassen der anderen Fahrzeuge sich ins Innere des Grenzhäuschens begeben sollten. Wir eilten hinein und hörten dabei immer wieder Schüsse. Im Haus wurden wir nach unten gebracht, wo dann nach und nach Suppenteller mit Löffeln aufgetischt wurden. Auf die Frage, was da los sei, erhielten wir keine Antwort.
Ein Amerikaner und ich schlichen uns die Treppe rauf und schauten aus einem Fenster. Wir konnten aber nichts entdecken.
Ich dachte: 'Bestimmt wollen ein paar abhauen in die BRD!'
Wir aßen dann unsere Suppe und diskutierten die Lage. Es wurde allmählich dunkel und Schüsse waren nicht mehr zu hören.
Plötzlich kam ein Grenzbeamter zu uns und gab Entwarnung. Er signalisierte, dass wir nun weiterfahren könnten.
Vor lauter Aufregung hatte ich ganz vergessen, dass ich ja die Restverpflegung des Workcamps – Wurstdosen und Paprika – auf den Rücksitz gepackt und mit einer Wolldecke zugedeckt hatte. Darauf lag meine Gitarre. Der Grenzer am Schlagbaum wollte wohl zügig abfertigen, denn mittlerweile hatte sich hinter mir, auch auf der Gegenspur eine endlos scheinende Schlange gebildet.
Er leuchtete mit seiner Taschenlampe in mein Auto und winkte mich dann durch. Glück gehabt! Denn man durfte keine Lebensmittel aus der CSSR ausführen!
Bei den deutschen Grenzern angekommen, wurde ich sofort gefragt, was dort drüben los sei.
Ich antwortete. „Habt Ihr keinen Besuch von drüben bekommen?" - „Nein! Sind welche auf der Flucht?"
„Ich weiß es nicht, man hat mir nichts gesagt."

Wir verabschiedeten uns und er wünschte mit eine gute Fahrt.
Nach ungefähr vier Stunden erreichte ich meinen Heimatort und fiel todmüde ins Bett. Was für ein Tag!
Am anderen Tag besorgte ich mir vor allem bayrische Tageszeitungen, um vielleicht etwas über den Grenzzwischenfall zu erfahren. Aber in diesen stand nichts., auch die Tage darauf nicht. Weiter wollte ich nicht nachforschen.
Ich genoss die Erinnerungen an die interessanten Tage und die tollen menschlichen Begegnungen im und um das Workcamp auf der Cooperative Farm in Slusovice...

Flucht aus der „DDR" (1958)

Meine Mutter, mein Vater und ich (5 Jahre alt) lebten in Zwickau in einer Dreizimmerwohnung im anliegenden Wohntrakt der Fabrik meines Großvaters in der Rosa-Luxemburg-Straße. Es war ein großes Gelände und ich hatte viel Platz zum Spielen. Zwickau war für mich eine große Stadt, im Kindergarten fühlte ich mich wohl. Die Mulde floß in der Nähe der Fabrik vorbei, und das Spielen dort machte mir Spaß.
Wir fuhren manchmal mit dem Zug zu Verwandten nach Hamburg und flogen auch zu Verwandten in Süd-Württemberg. Das alles immer über Berlin. So flogen wir mit der Lufthansa von Berlin-Tempelhof über Frankfurt nach Stuttgart oder direkt nach Stuttgart. Das Fliegen machte mir richtig Spaß, und ich fragte meine Mutter immer wieder: „Wann fliegen wir denn wieder?"

Meine Eltern ließen sich scheiden, und mein Vater machte mit seiner Mutter, die von meinem Großvater geschieden war, rüber in den Westen. Meine Oma mütterlicherseits lebte ein paar Straßen weiter in Zwickau, Leipziger Straße.
Eines Abends sagte meine Mutter zu mir: „Wir fahren morgen wieder Zug und fliegen dann nach Stuttgart. Dort besuchen wir dann Tante Marthas Familie. Freust du dich?"
„Oh, ja!" entgegnete ich und konnte jene Nacht kaum schlafen.
Am nächsten Morgen gingen wir zum Bahnhof und fuhren nach Berlin. Die Strecke war mir mittlerweile gut bekannt.
Meine Mutter flöste mir immer wieder ein, nicht zu laut oder am Besten gar nicht zu reden. Und wenn ich etwas dringend sagen wollte, hielt sie mir ganz schnell den Mund zu, weil sie befürchtete, dass ich laut hinausrief: „Mama, wann fliegen wir denn wieder?" oder: „Wann fliegen wir endlich?" Der Zug war ziemlich voll mit Passagieren und Reichsbahnpersonal.
Plötzlich kam eine Schaffnerin in Uniform in unser Abteil und fragte nach Fahrkarten und Ausweisen. Als wir an der Reihe waren, merkte ich, wie meine Mutter kreidebleich wurde und schier erstarrte. Die Schaffnerin blätterte in meiner Mutter Ausweis. Als sie fast bis zu den letzten Seiten gekommen war, ging die Tür auf und eine Kollegin von ihr trat herein.
„Genossin, kommst du bitte mal mit, wir brauchen dich kurz im hinteren Abteil."
Beide verließen unser Abteil. Meine Mutter signalisierte mir mit dem Zeigefinger vor dem Mund und strengem Blick, dass ich jetzt ganz ruhig sein möge.

Nsch einigen Minuten kam die Schaffnerin in unser Abteil zurück.
Sie näherte sich uns und wollte wohl weiter den Ausweis meiner Mutter kontrollieren.
„Ach, bei Ihnen war ich ja schon. Angenehme Reise", sagte sie und ging weiter.
Meine Mutter atmete tief durch und wirkte erleichtert. Ihr Strahlen eroberte wieder ihr Gesicht und ihre Blässe verschwand.
Als ich fragte, was denn los wäre, antwortete sie: „Später, mein Schatz. Ich erklär's dir später."
In Berlin (Ost) angekommen, liefen wir zur nächsten U-Bahnstation und stiegen in die nächste Bahn. Nach ein paar Stationen verließen wir die U-Bahn und meine Mutter nahm mich fest in die Arme und drückte mich.
„Wir haben's geschafft. Wir sind im Westen. Hurra!"
Ich fühlte, das müsste etwas Positives sein und gab mich zufrieden.
„Wo gehen wir jetzt hin, Mama?"
„Wir müssen ins Lager Marienfelde, und nach ein paar Tagen darfst du wieder fliegen. Ist das nicht schön?"
„Fliegen wir wieder zu Tante Martha?"
„Ja, mein Schatz, in ein paar Tagen."
Wir erreichten das Lager Marienfelde und wurden ein paar Untersuchungen unterzogen. Meines Errinners nach verbrachten wir dort 3-4 Tage. Diese Zeit dort kam mir wie eine Ewigkeit vor, es war da ziemlich langweilig. Doch fragte ich meine Mutter, was denn im Zug los gewesen wäre, warum sie so nervös war?
Sie erklärte mir: „In meinem Pass war auf der allerletzten Seite ein Eintrag 'Person darf Berlin nicht mehr betreten'.

Wenn die Schaffnerin das gesehen hätte, hätte sie uns zurück nach Zwickau geschickt."
„Warum darfst du nicht mehr nach Berlin?" fragte ich.
„Das erklär' ich dir später mal. Hauptsache, wir haben es geschafft!"
Sie vollführte mit mir einen Freudentanz, als wäre es das größte Ereignis in ihrem Leben gewesen.
Danach fuhren wir mit dem Bus zu dem mir mittlerweile bekannten Flughafen Tempelhof (West-Berlin). Ich konnte es kaum erwarten, wieder einmal in die Lufthansamaschine zu steigen.
Irgendwann am späten Vormittag hab die Maschine ab und ich saß vergnügt und voller Spannung am Fenster des Flugzeuges.
In Stuttgart angekommen, wurden wir von Tante Martha empfangen. Danach ging es mit Bus und Zug, wobei wir mehrmals umsteigen mussten, nach Bad Imnau.
Die Bruchbude an der Dorfstraße kannte ich bereits, wie auch ein paar Nachbarn.
„Dies ist nun unser neues Zuhause;" sagte meine Mutter fröhlich und beruhigend.
Ich musste mich in den nächsten Tagen zuerst einmal eingewöhnen, denn mit meiner Heimatstadt Zwickau konnte dieses Minikaff natürlich nicht mithalten.
Ich erkundete das Dorf, die Umgebung am Rande des Schwarzwaldes und fand auch bald Freunde in der Nachbarschaft.

Literarisches und Historisches

Perlkönig (frei nach Johann W. von Goethe)

Wer reitet geschwind durch Nacht und Wind?
Es ist der Vater mit seinem Kind.
Er hat den Knaben im Arm, dem linken
das Kind ist durstig, hat nichts zu trinken.

Mein Sohn, was birgst du so bang dein Gesicht?
„Siehst Vater du den Perlkönig nicht?
Er nähert sich langsam auf einem Schimmel."
„Mein Sohn, es ist eine Wolke am Himmel."

„Du liebes Kind, komm, geh mit mir.
Gar schöne Trinkspiele spiel ich mit dir.
Ich halte hier in der linken Hand
ne Flasche Perlwein unterm Gewand."

„Mein Vater, mein Vater, er will mich abfüllen,
so lange bis ich bin so ziemlich knülle."
„Sei ruhig, mein Kind, du hast nen Knall,
da drüben plätschert ein Wasserfall."

„Willst feiner Knabe du mit mir gehen?
Meine Tochter mit dir will am Tresen stehn.
Ihr trefft euch in Essen am dortigen Campus
und werdet dann trinken perlenden Schampus."

„Mein Vater, mein Vater, und siehst du nicht dort
Perlkönigs Tochter am hässlichen Ort?"
„Mein Sohn, mein Sohn, ich seh es genau:
Es rauchen die alten Zechen so grau."

„Ich liebe dich, mich reizt deine schöne Gestalt
und bist du nicht willig, so brauch ich Gewalt!"
„Mein Vater, mein Vater, jetzt füllt er mich ab
mit grässlichem Schaumwein und das nicht zu knapp!"

Er flößt dem Kinde so stetig ein
von dem grässlichen Schaumeswein.
Das Kind, es wehrt sich vehement,
der Vater dieses nicht erkennt.

Zuhause dann schließlich angekommen
hat der Vater etwas vernommen.
Er erreicht den Hof mit Müh' und Not,
dem Kinde ist schwindlig, es ist halb tot.

Es lallt das Kind nun ziemlich offen:
„Der Perlkönig hat mir ein Leids getan!
Mir ist jetzt schlecht, ich bin besoffen.
Ich kotze jetzt am Weg entlang!"

Das Loch (frei nach K. Tucholsky)

Seine These:
Wo ist ein Loch, wenn es nicht mehr da ist?

Folgerung:
Ein Loch ist weg, wohin es ist,
weiß bis jetzt kaum einer.

Ich glaube, s'ist der Löcher List,
sie helfen sich einfach selber.

Im Weltall draußen noch und nöcher
gibt es zahllos Schwarze Löcher.

Was ich dazu noch sagen möchte:
Es gibt da auch die Wurmeslöcher.

Durch diese kommt man schnell voran
in dem großen Weltenall.

So denk' ich bei mir ganz spontan
und nehme an den Fall:

Das eine, andre Loch verkroch
sich durch ein solches Würmerloch -
und endete im Schwarzen Loch!

Ein Schriftsteller

Er schreibt, obwohl nicht müsste,
seine Geschichten an der Küste.

Somit ist er Außenseiter,
ganz und gar ein...Coastwriter!

Dichter Nebel

Es gibt einen Dichter,
der dichtet über Nebel.

Wer ist denn so ein Dichter? -
Es ist ein Dichter Nebel!

Goethes Reisen

Goethe reiste gern herum,
zum Beispiel nach Italien,
mit Kutsche ohne 'brumm, brumm, brumm'
durch das Land Arkadien.

Er fand's dort schön, wie jeder weiß,
doch war es ihm zu heiß.
Da dachte er so ganz bei sich:
'Im Norden war ich ja noch nicht!'

So fuhr er hin mit Sack und Pack
bis ganz hinauf zum Skagerak.
Dort setzt er dann für wenig Geld
rüber über jenen Belt.

Angekommen, wandert er
auf'n Hügel, um zu seh'n das Meer.

Da ihn kennt die ganze Welt,
hat man ihm zu Ehren
etwas Großes hingestellt.

Es war ein schöner Hochpalast
von 'ner dicken Mauer umfasst.

Es fehlte noch an einem Namen,
auf den dann manche kamen:
So dachte man an Wolfgangsborg -
nein, sie heißt jetzt Goetheborg!

Es zogen dann viel' Goethefans
an diesen Ort in jedem Lenz.
Aus dem Burgdorf wurd' 'ne Stadt,
die auch diesen Namen hat.

Die sieben Zwerge

Es wohnten sieben Zwerge
hinter einem Berge.
Der eine mit Schneewitchen schön
konnt' der Liebe richtig fröhn'
Doch hatte er mal zu viel Sex -
da waren's nur noch sechs!

Es wohnten dann sechs Zwerge
hinter einem Berge.
Der eine, der aß viel zu viel,
was seinem Darm mißfiel
er reiherte auf seine Strümpf' -
da waren's nur noch fünf!

Es wohnten dann fünf Zwerge
hinter einem Berge.
Der eine jagt 'nen Höhlenbär
ein ziemlich großes Tier
und dieses setzte sich zur Wehr -
da waren's nur noch vier!

Es wohnten dann vier Zwerge
hinter einem Berge.
Der eine aß im Unverstand
'nen ziemlich giftgen Brei
Er wurde dann am Magen krank -
da waren's nur noch drei!

Es wohnten dann drei Zwerge
hinter einem Berge.
Der eine kletterte hoch hinaus
auf einen morschen Zweig

Er fiel hinab, weil dieser brach -
da waren's nur noch zwei!

Es wohnten dann zwei Zwerge
hinter einem Berge.
Der eine lief kopflos umher
ins Revier von einem Keiler.
Der ist plötzlich auf ihn zugerannt -
da war es nur noch einer!

Es wohnte dann der eine Zwerg
nicht lang mehr hinterm Berg
Er geriet in ziemlich' Not,
hatte Medusa angestarrt.
So ging es ihm wie der Frau Lot,
er zum Gartenzwerg erstarrt.
So er nun im Garten steht
−Aber er hat überlebt!

Irischer Wandermönch an der Neiße *oder* **Wie es zu dem Namen Görlitz kam**

Es kam im 6. Jahrhundert ein irischer Wandermönch –
er sprach neben Latein auch Englisch - nach Görlitz und
gründete den Jakobsweg an der Neiße, der heute auf der
polnischen Seite, also in Zgorselec liegt.
Dieser Mönch verlustierte sich aber mit einer schönen
Maid, und als er nach neun Monaten hierher
zurückkehrte, traf er sie wieder mit einem Baby in den
Armen. Er rief: „It's a girl!"
Daraus wurde dann: 'Itzgirl' und später – durch
Silbendreher – 'Girlitz' und am Ende 'Görlitz'.

Das Kind wurde dann die Schutzheilige von Görlitz mit dem Namen Santa Görlitza.

'G' und 'H'–Verwechselung

Vorausschickend möchte ich mitteilen, dass eine Russin (hier in Deutschland) einer Russland-Deutschen, die sehr schlecht deutsch spricht, beibrachte, dass das H im Deutschen ein G sei und umgekehrt, wobei letzteres nicht stimmt! Beispiel: Hamburg, russisch Gamburg oder auch Chamburg, aber nicht: Goslar = Hoslar!

Folgendes erzählte einmal diese Russland-Deutsche::

Hestern waren wir in unserem Harten. Gans und Hisela kamen zu Besuch und brachten einen hanzen Kuchen mit. Gans gat auch einen schönen Harten mit viel Hemüse und Obst. Dieser liegt auf den Gärten bei Wankgeim.
Wir saßen hemütlich im Hartengaus und erzählten uns Witze, denn Gans gat sehr viel Gumor. Übrigens, die Hartenmöbel waren hut und hünstig. Wir waren hut helaunt, das Wetter war schön und der Gimmel blau. Dann kamen Spazierhänger vorbei und wir kamen ins Hespräch. Ich fragte: „Gaben Sie auch einen Harten?" Ein Gerr antwortete: „Ja, und was für einen!" Ich sagte: „Ja, mein Mann ist auch hanz stolz auf seinen Harten, und alle, die ihn sehen, bewundern ihn!"
Spät abends hingen wir dann nach Gause und henossen einen Hrog. Wir hingen früh zu Bett, da wir am nächsten Tag einen garten Tag vor uns gatten, denn die Hattin unseres Sohnes gatte sich anhekündigt. Sie galf auch manchmal im Harten mit, und das hanz beheistert!

Ja, mein Mann kann sehr stolz sein auf seinen Harten,
und alle, die ihn sehen, bewundern ihn: „Oh, gat er aber
einen wunderschönen hroßen Harten!"

Sorben und Wenden

Wenn Ihr habt Sorgen, liebe Sorben,
verschiebt sie nicht auf morgen.

Ihr könnt euch heut' mit betend' Händen
vertraulich an die Wenden wenden.

Sufis und andere Zeitgenossen

Die Sufis sind sehr mystisch
und sehr spirituell.
Sie sind auch gut muslimisch
und tanzen sensationell.

Dies geschieht auf einem Feste,
wo sie zeigen wolln das Beste.

Plötzlich kommt ein Sufti,
sieht aus wie'n alter Grufti.
Er will mittanzen schnell,
s'wirkt nicht sensationell.

Sternhagelblau, wie er ist,
tanzt er ziemlichen Mist.
Er dreht sich, schwankt und fällt zu Boden,
dafür wird ihn wohl niemand loben.

Bewusstlos liegt er da, der Suffti,
wird rausgetragen von 'nem Sufi.
Doch dieser trägt ihn nicht allein,
ein andrer noch zu Hilfe eilt.

So tragen raus den Suffti
der hilfsbereite Sufi
zusammen mit 'nem Bufti.

Wandalen

Bei der Völkerwanderung
trieb's die Germanen um.

Sie zogen los, eroberten
viel von Roms Imperium.

Doch welche kamen am meisten rum?
Man weiß jetzt, woran's lag.

Ein Historiker, gewiss nicht dumm,
dieses zu sagen vermag.

Ich glaub', er heißt LeClerk,
sagt, 's läge an der Schuhe Werk:

Denn es liefen die Wandalen
leichtfüßig in Sandalen!

Ritter

Der Stand der Ritter, das ist klar,
existiert nicht mehr fürwahr.

Doch gibt es noch Nachkommen,
die ins Schwäbische gekommen.

Sie treiben kräftig Sport
an eines Schönbuchs Ort.

Ein Schokoladenfabrikant
für sein Produkt keinen Namen fand.

Er schaute durch die Scheiben
und sah der Ritter Treiben.

Der Mann aus Waldes Buchen
musst' nicht mehr lange suchen.

Die Schokolade nannte er sofort:

einfach...Ritter Sport!

Der falsche Aschenbecher

Ein Aschenbecher, der litt sehr
da er falsch getauft.

Aus Eschenbach kam er einst her,
dort der Eschenbach durchläuft.

Hier lebt' ein Dichter wohl bekannt:
Ebner-Eschenbach genannt.

Der Aschenbecher gibt bekannt,
dass er mit dem Dichter sei verwandt.

So fordert er auf seine Weisen:
„Ich möchte Eschenbacher heißen!"

Politisches

Naher Osten

„Du Peter, im Nahen Osten herrscht doch Krieg und Terror,
und viele Deutsche beteiligen sich. Ich will da mal hin, um mir vor Ort ein Bild zu machen."

„Spinnst du? Das ist doch viel zu gefährlich! - Wo genau willst du eigentlich hin?
Nach Syrien, Israel oder in den Irak?"

„Nein, nein, du verstehst mich falsch. Ich will nach Thüringen oder nach Sachsen!"

„Ach, so! In *den* nahen Osten!"

Kreistag

Der Kreistag ist gewählt für'n Kreis,
den leitet ein Herr Marius.

Doch was niemand genau weiß:
Er bestimmt den Radius.

Münchhausen und sein Gewehr

Münchhausen war ein toller Hecht,
seine Stories warn nicht immer echt.
Doch schießen konnte er nicht schlecht.

Der Feind war hinter einer Hecke.
Der Baron verbog den Lauf zum Zwecke,
zu schießen auf ihn um die Ecke.

Es kracht, macht 'Bumm!', man hört 'nen Schrei,
ein Feind fällt um, vielleicht auch zwei!?
Münchhausen ist es einerlei.

Heckler, Koch und Bundeswehr
machten einen Fehler schwer:
Gerade war die Gewehraufführung
von G 36 neust' Ausführung.

Hätten sie's gemacht wie der Baron,
gekrümmt den Lauf von hint' bis vorn.
So wär ein Treffer jeder Schuss,
ohne dass man zielen muss.

Zehn kleine Nazilein

Zehn kleine Nazilein
am Rassismus sich erfreun.
Einer verbrannte bei sich daheim,
da waren's nur noch neun.

Neun kleine Nazilein
am SS-Grab hielten Wacht.
Einen rammt ein wildes Schwein,
da waren's nur noch acht.

Acht kleine Nazilein
haben Ali vor sich hergetrieben.
Einer fiel hin, brach das Bein,
da waren's nur noch sieben.

Sieben kleine Nazilein
soffen alles ex.
Einer leerte sich zuviel rein,
da waren's nur noch sechs.

Sechs kleine Nazilein
spielten Krieg im Sumpf.
Einer fiel dort tief hinein,
da waren's nur noch fünf.

Fünf kleine Nazilein
nahmen Fremde ins Visier.
Auf einen Nazi fiel ein Stein,
da waren's nur noch vier.

Vier kleine Nazilein
kloppten sich mit der Polizei.
Doch die schlug einen ganz zu Brei,
da waren's nur noch drei.

Drei kleine Nazilein
waren von Gewalt nicht frei.
Bei einem schlug der Blitz ins Bein,
das waren's nur noch zwei.

Zwei kleine Nazilein
wurden immer gemeiner.
Die Bürger kreisten einen ein,
da war es nur noch einer.

Ein kleines Nazilein
setzte sich zur Wehr.
Die Anti-Fa, sie fängt ihn ein,
...'s gibt keinen Nazi mehr!!!

Ein Islamist steht im Walde (nach dem Lied: „Ein Männlein steht im Walde...")

Ein Islamist steht im Walde und ballert rum
Es sind vor allem Christen, die bringt er um.

Schau den Islamisten an, wie er so schön ballern kann.

Ein Islamist steht im Walde und ballert rum.

Ein Islamist steht im Walde mit einem PKW
Er sprengt sich in die Lu-uft und das tut weh!

Schau den Islamisten an, wie der Islamist sprengen kann.

Er ist nicht mehr im Walde und ohne PKW.

Der Islamist fliegt zum Himmel, hat sich dort hin gesprengt.

Dort warten die Jungfrauen, ein Wächter ihn empfängt.

Schau den Islamisten an, wie hoch er nun fliegen kann.

Der Islamist fliegt zum Himmel, hat sich dort hin gesprengt.

Er steht jetzt auf 'ner Wiese und guckt ganz dumm.
Wähnt sich im Paradiese, doch Jungfraun liegen nicht rum.

Diese bei den Christen sind, verlustieren sich geschwind.

Der Islamist im Paradiese, der guckt ganz dumm.

Ein Islamist steht im Walde und flucht herum.
Weil Allah ihn nicht erhörte, bringt er sich nochmal um.

Schau den Islamisten an, wie er sich zweimal umbring'n kann.

Es steht nicht mehr im Walde ein Islamist herum.

Wanze (nach dem Lied: „Auf der Mauer, auf der Lauer...")

Auf der Mauer auf der Lauer liegt 'ne kleine Wanze
Schau dir mal die Wanze an, wie sie uns abhören kann.
Auf der Mauer auf der Lauer liegt 'ne kleine Wanze.

In mein'm Zimmer sitzt noch immer eine kleine
WanzeSie ist von der NSA oder auch vom BND
In mein'm Zimmer sitzt noch immer eine kleine Wanze.

In mein'm Computer und mein'm Router sitzt ne
Viruswanze
Es liest mit die CIA, es hört mit der KGB.

In mein'm Computer und mein'm Router sitzt ne
Viruswanze.
Was solln wir jetzt machen mit allen diesen Wanzen
Wir alle zertreten sie, machen sie so platt wie nie.

Auf der Mauer, auf der Lauer, in mein'm Zimmer, in
mein'm Router, im Computer, in mein'm Handy, in
mein'm Smart-Phone und viel mehr

...gibt's jetzt keine Wanze mehr!

Hinter der Mauer (gem. Lied 'Über den Wolken')

In der Wismut früh um 8,
ja, da bau ich die Motoren.
Hatte keine ruhige Nacht,
hatt' Westwerbung in den Ohren.

Der Weg nach Westen ist verbaut,
meine Ausreise nicht genehmigt.
So ist jeder Tag versaut,
kann nicht rüber, ich versteh's nicht.

Refr.:
*Hinter der Mauer muss die Freiheit wohl
grenzenlos sein.
Alles gibt's im Überfluss, sieht man, was für ein
endloser Genuss.
Und dann:
Es ist das, was mir wichtig erscheint,
doch bei mir bleibt Verdruss.*

Hab's versucht, zu fliehn allein,
doch sie haben mich geschnappt.
Sitze noch in Bautzen ein,
hoffe, dass der Freikauf klappt.

Bin nun zweimal eingesperrt
hinter Mauern vor der Mauer.
Meine Rechte mir verwehrt,
das Dasein hier von langer Dauer.

Refr.
Ja, in meinem Zellenraum
denk ich an Karl May
und erhalt mir meinen Traum,
einmal zu werden frei.

Träum' von Mallorca, Marlboro,
von Mercedes, VW-Golf.
Und von der Südsee ebenso.
Auch von Alaskas Wolf.

Refr.

Transallmaschinen

'Transall' ist als Begriff verfehlt,
wenn's Flugzeug nur am Boden steht.

Ein andrer dafür besser wäre:
...Transerde!

Krimkrise

Es gab 'nen Präsidenten
in der Russen Land.
Seine Gier sollte nicht enden
nach Meer und noch mehr Land.

Seine Name, der war Putin,
ihn damals jeder kannt'.
Er setzte seinen Fuß hin
an des Schwarzen Meeres Strand.

Und zwar auf die Halbinsel,
Krim ist noch ihr Name.
Dort gab's sehr viel Gewinsel,
weil Putin Sand wegnahm.

Er schickte viel' Soldaten,
die buddelten am Strand.
Allesamt mit Spaten
man sie ausgerüstet fand.

Da kam ein Ukrainer,
der hatte 'ne Idee:
„Wir gehen jetzt nach Sotschi*
und klaun den Russen Schnee!

Danach wolln wir betreiben
der Russen sanft' Rückkehr.
Wir werden sie vertreiben,
wir setzen uns zur Wehr!"

Da fragte einer: „Wie denn?
Wie soll denn das geschehn?"

Von ihnen sagte einer,
ein richtger Ukrainer:
„Ich kenn' schlechte Musik.
Wir schicken Oberkrainer
mit ihrer Blasmusik!"

So holten Unterkrainer**
als Partner Oberkrainer.
Die kamen grad' aus Malta
und fuhrn direkt nach Jalta.

Sie spielten mit ihr'm Blech
die ganzen Russen wech.
Diese dann so flohen,
sich zuhaltend die Ohren.

Es hatte ein Herr Putin
gar keine Information
über Oberkrains Armee
als Blechblasformation.

Die O- und U-Kraine
sind nämlich 'ne Union.
Sie treten für sich ein,
will man sie bedrohn.

Da denkt jetzt nach die UNO:
'Die nehm'n wir mit ins Boot
und schick'n hin diese Truppe,
wo's kriselt und tut Not!'

So ziehen Oberkrainer,
wie einst zu Jericho,
in Krisengebietsländer
und blasen mit Echo.

Egal, auf welcher Seite
die Krieger stehn und sind,
sie suchen all das Weite
und Ohrenschutz geschwind.

Dank Oberkrainer Hilfe
wir leben bald in Frieden.
Das stimmt uns optimistisch
und macht uns sehr zufrieden.

* in Sotschi fanden gerade die Olympischen
Winterspiele statt /2014;

** U = Abkürzung für Unter (deshalb ausführlich:
Unterkraine; hat sich im Laufe der Zeit verkürzt, wie
z.B. 'Mecklenburg-Vorpommern' zu 'Meck-Pom')

Kein Werbescheiss'!

In einem Barackenflachgebäude in unserer Nähe wohnen Punkies, die im wahrsten Sinne des Wortes in unserer Nachbargesellschaft (so Richtung Waldrand) residieren. An der Fassade befinden sich so tolle Parolen wie „Nazis raus!", „Kapitalismus weg!" usw. Beeindruckend! Jedoch am meisten beeindruckt hat mich folgender Spruch: „Kein Werbescheiss'!" stand da groß über dem Briefkasten. Und tatsächlich ragte keine Post bzw. Werbepost aus diesem Briefkasten heraus. Dieser deutliche Spruch der Ablehnung erzielte tatsächlich seine Wirkung.
Ich dachte darüber nach, wie das wohl zuvor gewesen sein mag: Die Lebensmittel-, Elektronik-, Versicherungs- und andere Konzerne haben vielleicht diese „No-Future"-Zielgruppe für sich entdeckt und gedacht: 'Euch kriegen wir auch noch! Euch ziehen wir die Sozialkohle auch noch aus euren löchrigen Taschen!'.
Ich dachte, dafür muss es einen Grund geben. Da fiel mir ein – wir gehen da öfter spazieren –, dass der Müll der Punkies oftmals nicht abgeholt wird, weil sie die Müllgebühren nicht bezahlt haben, wie sie uns in einem Gespräch mitteilten. Ich vermute, dass ein windiger Briefträger diesen Zustand erkannt hat und dachte: 'Die konsumieren ja wie die Tollen!'. Er teilte dies sicherlich seinem Postdienstmanagement mit und dieses leitete diese Information bestimmt an das gierige Konsum- und Dienstleistungskonklumerat weiter. Dieser dann folgenden Postsendungs- und Prospektflut mussten sich die Punkies natürlich erwehren. Ich glaube, sie sind doch nicht die richtige Zielgruppe!

Da fällt mir ein: Die Punkies könnten ja ihren Müll
'unfrei' per DHL nach Nigeria schicken. Noch besser:
Das internationale Konsumterroristentum bezahlt die
Fracht, denn sie sparen ja die Druckkosten und das
Papier von ihrem „Werbescheiss"!

Arosa – gar nicht rosig!

Schaue mal wieder Nachrichten und sehe, wie wieder
Menschen im Mittelmeer ertrinken. Diese Flüchtlinge
aus Nahost und Afrika ertrinken schon seit Jahren, die
Zahlen sind für mich unvorstellbar; denn jedes einzelne
Schicksal ist unrühmlich.
Ich weiß nicht, wieviele Schiffe im Mittelmeer
umherschippern, aber es wären meines Erachtens
genug, um diese Leute gezielt zu retten.
Die Bundeswehrmarine macht dort Manöver gegen
Schlepper und ballert übungsmäßig auf Ballons. Das ist
sinnlos und hilft niemandem!
Was ist mit den Zivil- und Touristikschiffen? - Die
Fischer von Lampedusa helfen, wo sie können,
eigentlich illegal.
Was ist mit Arosa und wie sie alle heißen? Die haben
doch Platz und den Versorgungsluxus an Bord. Die
könnten doch auch mal ein paar retten und am
Kapitänsdinner teilhaben lassen.
Aber wir retten lieber Banken und deren Verbrecher,
anstatt Menschen! -
Das ist der Offenbarungseid des Humanismus!!!

Flüchtlingswelle – Gedanken zu Weihnachten

Wir feiern heut' das Christenfest
und wünschen dem IS die Pest.
Die Flüchtlinge, die vor ihm fliehn,
dürfen gerne zu uns ziehn.

So hoff' ich, wenn Muslime kommen,
dass sie erleuchtet werden,
dass Christen sie haben aufgenommen
auf europäisch' Erden!

Zwangsräumung oder **lieber auf einem Schiff wohnen?**

Wohnraum in Deutschland ist knapp. Die Mieten steigen und können von immer weniger Menschen bezahlt werden.
Am schlimmsten trifft es alleinerziehende Mütter mit Kindern. Da droht manchmal die Zwangsräumung.
Ein Vergleich mit Umkehrschluss:
Auf einem sinkenden Schiff gilt der Grundsatz: 'Frauen und Kinder zuerst!'
Wiesteht's damit auf dem Wohnungsmarkt?
Es ist ein Armutszeugnis, dass hierbei der Staat nicht eingreift und die Miete übernimmt! -
Was wohl aus den Kindern wird?

Veganismus – die neue Ideologie

Ein Gespenst geht durch Europa – der Veganismus! Es gibt schon eine grüne Biopartei, die, wenn sie an der Mehrheit wäre, Fleisch- und Tierprodukte verbieten will. Angeblich würde man so gesünder leben und das Klima retten.
Begründer dieser Ideologie ist der Chefideologe Karl Vegan, in jungen Jahren dialektischer Jungvegetarier mit seiner Frau Anna Vegetaria, die in Italien (natürlich in der Toskana) und bei Manchester je einen Biovegetarierhof besitzt und leitet. Sie wird zunehmend von Karl überredet, ihr Unternehmen in einen Veganerbetrieb, also in ein Gewächshaus umzugestalten.
Ihr Parteiprogramm besagt: „Wer gegen dieses (mögliche) Gesetz verstößt und heimlich Nutzvieh züchtet und vertreibt oder dieses sogar isst, kommt in eine Art Umerziehungslager, den Archipel 'Gulasch', welcher bei erzieherischem Erfolg umbenannt wird in Archipel 'Müsli'. Genügend Mastgroßbetriebe stünden dann ja zu Hauf leer.
Die Kritiker, die sagen, dass Pflanzen auch Lebewesen seien, werden mit dem Argument 'nachhaltiges Wachstum' u.ä. niedergebügelt.
Diese Partei will allmählich die erste deutsche Diktatur der Ökologie und des Veganismus errichten (Name: Partei des ökologisch-biologischen Einheitslandwirtschaftismus, kurz: PÖBEL)., eine Art Ökofaschismus mit einer Geheimen Veganpolizei (Gevepo). Dieser Staat könnte dann vielleicht heißen: Das Heilige Ökologisch-vegane Reich Deutscher Nation.

Erste anfängliche Putschversuche – natürlich 'demokratisch'(!) - wurden vor Jahren schon erfolgreich unternommen: Das Rauchverbot! Diesmal nicht von München aus, sondern von Passau ausgehend durch einen Nationalökofaschisten. Wie oben erwähnt, sind weitere Aktionen geplant.
Man munkelt hinter vorgehaltener Hand, sollte diese Partei an die Macht kommen, dass sie ein Ermächtigungsgesetz anstrebt – gegen das natürlich nur die SPD die Stimme erhebt, die anderen Parlamentsmitglieder sind ja bereits verhungert - , um ein autoritäres Veganat zu errichten.
Karl Vegan hat gerade sein Ökologisches Manifest fertiggestellt (zweites großes Werk, nach: 'Das Veganal', mit der finalen Aufforderung: Veganer aller Länder vereinigt Euch! (Es wurde bereits in mehrere Sprachen übersetzt). In vielen, vor allem europäischen Ländern, gibt es schon solche Nachahmunsparteien und – gruppierungen.
Das Abstruse ist: Die Radikalisierten gehen rücksichtslos auf die Straße, tragen wadenhohe Birkenstockstiefel und grün-lillane Uniformen. Sie machen Randale gegen Gegendemonstranten, indem sie mit Äpfeln und Birnen schmeissen. Es wurde von ihnen auch schon eine umfunktionierte Gulaschkanone eingesetzt, mit veganen Eintopfgeschossen! Die Polizei schaut zu, da es unterm Strich wenig Verletzte gibt. Wieder hinter vorgehaltener aus gut informierten Kreisen hört man: ' Das endet doch in einem Gleichschaltungsgesetz'. Das hieße, Vereine, Verbände und andere freie Institutionen werden dieser Veganideologie gleichgeschaltet und diktatorisch dirigiert.

So heißt dann wahrscheinlich der Fußballverein z.B. FC Eintopf(ohneFleisch/oF) Musterstadt 2017, der Lebensmittelverband z.b. Veganerproduktzentrale, ein Lebensmitterhersteller z.b. Obst- und Gemüsegenossenschaft usw. usf.
Ein Gerücht macht gerade die Runde: Jemand hätte versucht, den Reichstag anzuzünden, was Gott sei Dank nicht gelang. Es wurden dort abgebrannte Wunderkerzen und Räucherstäbchen gefunden. Vorwürfe in Richtung Veganerpartei wies diese vehement zurück.
Bald sind wieder überall Wahlen, und ich fordere den mündigen Wähler auf: 'Wehret den Anfängen!' Aber vielleicht ist es ja schon zu spät.
Ich vermute, dass es wieder zu Koalitionen kommt und damit zu politischen Kompromissen, sodass die Carneaner ihr Grundrecht auf Fleisch- und Wurstwaren behalten werden.
Übrigens: Die Neanderthaler z.B. wären nur Vegetarier geworden, wenn sie nichts zu jagen gehabt hätten oder zu blöd dazu gewesen wären. So hätte sich auch das Gehirn des Homo Sapiens z.B. nicht vergrößert, und es hätte nie zum Homo Sapiens Sapiens gereicht. Könnte es sein, dass bei diesem Veganeranhang das Gehirn stagniert oder sich sogar zurückbildet, mit dem Ziel Amöbendasein? Jedenfalls könnte man in dieser Form keine Politik betreiben, oder doch?

Aus der Schulzeit

Föhn

Nach dem Schwimmen im Schwimmbad
ziehen Kinder sich dann an.
Sie gehen in den Vorraum
und machen die Föhne an.

Ein Föhn schlägt Funken mächtig,
ein andrer ist kaputt.
Der nächste riecht verdächtig,
ein andrer Geräusche tut.

Ich denke an die Wetterschau,
ich sah sie im TV.
„In den Alpen gibt es Föhn,"
so sagte eine Frau.

Ich sprach zu allen Kindern:
„Nun lasst uns von hier gehen.
Könn'n Defekte nicht verhindern,
in den Alpen gibt es Föhn.

Wir steigen jetzt in den Bus
und fahren gleich dort hin.
Die Reise.wird ein Genuss,
vor allem macht sie Sinn.

Wenn wir dort angefahren
erklimm'n wir schwindlig' Höhn.
Dort trocknen uns die Haare,
denn in den Alpen gibt es Föhn.

Fröhlich fahren wir nach Hause,
wir fanden's dort sehr schön.
Unser Haar jetzt glatt und krause,
dank der Alpen Föhn

Wir singen dann im Chore
und das tun wir sehr schön,
wohl klingt's in unsrem Ohre:
'In den Alpen gab es Föhn.'

Doch die Sache hat 'nen Haken,
Busfahrer spielt nicht mit.
Er will's einfach nicht wagen,
zu machen diesen Schritt.

So sehr ich ihn betöre,
es hat so keinen Zweck.
Was ich nur von ihm höre:
„Wir fahrn zur Schul' zurück!"

Was bleibt, ist Illusion,
ein Traum, doch der ist schön.
Wir trällern mit viel Phon:
„In den Alpen gibt es Föhn!"

Privatisierung und Zukunft von Schulen nebst neuen Bildungsplänen
Im Zuge von radikalen Privatisierungen traf's auch die ein oder andere Schule. Die Kommunen hatten kein Geld mehr für Sanierungen, Anbauten, Neubauten und dergleichen.
So gibt es jetzt in unserer Stadt z.b. die McDonaldsschule, das BurgerKing-Gymnasium, den KentuckyFriedChicken-Kindergarten usw. usf.
Die Franchiser schickten ihre Lobbyisten ins Kultusministerium, welche die Bildungsexperten bei den neuen Bildungsplänen berieten.
Der Vorteil sei vorweggenommen: Die Schüler haben wieder mehr Freizeit.
Der Nachteil: Die Allgemeinbildung bleibt auf der Strecke, was aus folgenden Ausführungen klar ersichtlich wird.

Das Fach Deutsch hat nun folgende Inhalte und Ziele: Höfliche Kommunikation, Bestellungen aufnehmen und weiterleiten...

Fach Englisch: siehe Deutsch, nur auf Englisch...

Fach Mathematik:
Zahlen und mathematische Zeichen lesen und Kasse bedienen können...

Fach Geschichte:
Die Historie z.B. von McDonalds kennen; Teilziel: Die Geschichte des Hamburgers, Cheeseburgers etc. kennen...

Fach Wirtschaftslehre:
Die Firmenstruktur von McDonals kennen und Gewinnmaximierung umsetzen können; wirksame Werbestrategien erarbeiten und gestalten...

Fach Gemeinschaftskunde/Politik:
Den Unsinn von Gewerkschaften und Betriebsräten, Streiks und anderer Demonstrationsformen erkennen, und (natürlich*) in den erst genannten Institutionen nicht Mitglied werden und da mitmachen...
Den Unsinn von Mindestlohn und Lohnerhöhung erkennen

Fach Ernährungslehre:
Die Nahrhaftigkeit der Fast-Food-Produkte für die menschliche Gesundheit erkennen und vermitteln können.
Praktische Teilziele: Backmaschinen, Mikrowellen, Friteusen etc. bedienen und reinigen können...
Hygiene: Nahrungsprodukte ordentlich auspacken und entsprechend zuteilen, Tische abwischen, Abfalleimer leeren, Hände waschen, saubere Firmenuniform tragen, auf die Gefahren eines heißen Getränkes hinweisen (zwecks Sewingmöglichkeiten von Gästen).

Das Fach Chemie wird abgeschafft; (denn es könnte ja ein Schüler die chemische Zusammensetzung dieser „gesunden" Nahrung herausfinden):*

Fach Biologie: ebenfalls abgeschafft. (Man könnte ja zu alternativen Ernährungsformen kommen und etwas über gesundes Leben, gesunden Körper, Natur etc. erfahren).*

Fach Sport: Wird nur noch für stark übergewichtige Schüler und Kinder angeboten, um die Krankenkassen zu entlasten. Inhalte: Powerwalking, Baseball, Volleyball, Basketball, Eishockey (auch im Sommer), American Football.

Fach Musik:
stark reduziert auf wohlwollendes amerikanisches Liedgut – ausgenommen Lieder der Protest- und Bürgerrechtsbewegung.

Auszug/Beispiel:
„Old McDonald had a farm, now he's got a fast food company!"

Fach Arbeit/Technik:
Küchengeräte und -maschinen, Mobiliar etc. reparieren können. (Beispiel: Putzfrauen müssen Glühbirnen ersetzen können).

Fach Kunst:
Werbeentwürfe tätigen können bezüglich psychologisch-manipulativen Aspekten. Werbeartikel entwerfen und verteilen können...

Fach Sach- und Heimatkunde:
Die Heimat und Herkunft z.B. von McDonald kennen. (Dies kann fächerübergreifend mit Geschichte und Erdkunde durchgeführt werden).
Fakultativ: Die Entstehung der USA, jedoch hauptsächlich die Geschichte der Weißen (=Americans). Die Indianer (=Native Americans), die Neger (=Afro-Americans) und die Latinos (=Latin Americans) werden nur am Rande erwähnt.

Sonstiges:
- Schul/Pausenessen: nur z.b. McDonaldsprodukte
- Schul-/Klassenzimmergestaltung
- Werbeplakate z.b. von McDonalds aufhängen; (dafür stellt McDonalds jeden Tag einen Kasten Cola kostenlos zur Verfügung).
- Freitag letzte Stunde: Werbefilme von McDonalds anschauen und anschließend an dem im Schulhof befindlichen McDonalds-Verkaufsstand vorbeischauen (Wer nichts kauft, kommt auf die Schwarze Liste!)*
- Kleine Pausen: Werbespots von McDonalds werden über die Schullautsprecher abgespielt. Alternative: Einrichtung eines Schulradiosenders; noch besser: ein Schulfernsehkanal
- Schulausflüge/Wandertage: entlang der Reutlinger Straße und/oder in außerhalb liegenden Gewerbegebieten mit mindestens einem Besuch bei McDonalds – Vegiday der Grünen nur mit McDonalds-Produkten

Projekte und praktisches Lernen:
- OiB: Praktikum in einer McDonalds-Filiale, arbeiten auf McDonalds-Farmen (auch als Ferienjob möglich, z.B. in Südamerika. (Den Flug muss man allerdings selbst bezahlen!)*
- Schüleraustausch: nur noch mit USA möglich. Positiv ist: Sprachkurse werden von McDonalds gesponsort, jedoch ist das Vokabularvolumen auf 500 Wörter begrenzt.*
- Au-Pair: Schülerinnen müssen in ihrer Freizeit bei McDonalds arbeiten, um ihren Aufenthalt zu finanzieren.

Abschließender Kommentar:
Man sieht, der Lehrplan ist ziemlich ausgedünnt und übersichtlich.
Die Schüler haben mehr Freizeit und können diese unter anderem durch arbeiten bei McDonalds ausfüllen und sich etwas hinzuverdienen. Ist dies der Fall, so stellt McDonalds die entsprechenden Eltern als Drittjobber ein, natürlich ohne Mindestlohn...

* = Anmerkung/Einfügung des Verfassers
Für die Formulierungen und Inhalte sind Teile der Verfasser des Freihandelsabkommens verantwortlich.
Die verantwortlichen Bildungspolitiker haben alles Wort wörtlich übernommen.

Schülertanz mit Laub

Der Spätsommer kam,
die Schule begann
die Kinder warn in der Pause.

Das Laub lag umher
und sie spielten sehr
mit Blättern in dieser Pause.

Da kam eine Windbö
plötzlich heran
wirbelte Laub.in die Höh'.

Die Kinder hüpften
und tanzten im Takt
der wirbelnden Blattmelodie.

Es war ein Tanzspiel
von Mensch und Natur -
rhythmische Einheit pur.

So sollten wir achten
mehr die Natur,
die uns die Musik vorspielt.

So wie die Kinder
im wirbelnden Schritt -
tanzt einfach mit ihnen mit!

Klassentreffen oder **Alte Liebe**

Es trafen sich der Leute zehn
zu einem Klassentreffen.
Es fand statt in des Nordens Bremen,
was sehr schön anzusehen.

Es kamen:

Franz aus Konstanz
Kurt aus Furth
Gerda aus Werda
Hulda aus Fulda
Ralf aus Calw
Heinz aus Mainz
Adelheid aus Remscheid
Lena aus Jena
Vera aus Gera
Jens aus Koblenz

Wer nicht kam, das war Rolf,
der spielte Golf.
Auch Peter aus St. Peter
konnt' nicht gehen hin,
er hatte zu tun in Ording.

Unter diesen anwesenden zehn
wollte alte Liebe nicht vergehn.

Sie setzten sich paarweise zusammen
und somit zu flirten begannen.

Und zwar so:

Franz aus Konstanz mit Lena aus Jena

Heinz aus Mainz mit Gerda aus Werda

Jens aus Koblenz mit Ralf aus Calw

Kurt aus Furth mit Hulda aus Fulda

Adelheid aus Remscheid mit Vera aus Gera.

Und nun die Aufgab' -
jetzt kommst du!
Wer ist lesbisch,
wer ist schwul?

Aus der Welt des Sports

Der Fußball

Der Fußball
fiel durch Zufall,
nicht durch Unfall
nach dem Urknall
auf die Erde.

Er hat nun keine Luft,
die brachte er der Erde
in Form von Sauerstoff,
damit das Leben werde.

Nun liegt er da verpufft
wie ein Stückchen Lumpen.
Doch dank der Erde Luft
kann man ihn aufpumpen.

Wölfe in Dortmund

Es spielten elf Wölfe in Dortmund
und reichlich anderthalb Stund'.

Die Wölfe spielten sehr schnell,
sie waren vom VFL.

Doch verloren sie hier in Dortmund
und Medien taten dies kund.

Und nach dem verlorenen Spiel
sagten die Wölfe nicht viel.

Und in der Reporter Rund'
- die war ja da in Dortmund -
hielten sie ziemlich den Mund.

Ein Leichtathlet

Ich war in San Francisco
auf deutsch: Heilger Franziskus.

Dort war ich Leichtathlet,
speziell sehr rund bewegt.

Im Stadion 'San Franziskus'
warf ich nämlich den Diskus!

Gurkentruppe (2012)

Letztens kam unsere EM-Fußballgurkentruppe zur
gleichnamigen Prämierung ins Spreewaldstadion zu
Lübbenau. Jeder Spieler erhielt die Gurke am Bande
und Obergurke Jogi Löw die Goldene Gurke. Er
versprach, so weiterzumachen und freue sich schon auf
die nächste Prämierung in zwei Jahren.
Anschließend fand eine Autogrammstunde statt, die
Autogramme wurden auf Gurkengläser geschrieben.
Der Andrang hielt sich jedoch in Grenzen.
Danach trafen sich alle, Fans, Kicker, Funktionäre usw.
im Sportheim zu einem gemütlichen Beisammensein.

Da man sich in der Spreewaldgurkenzone befand, war hier alles in 'Gurke': es gab Gurkenschnaps, Gurkenbowle mit ganzen Früchten, Gurkensalat, Gurkensandwiches, Gurkenbier vom Fass und Vielerlei mehr in dieser Richtung.
Es war insgesamt eine tolle Veranstaltung und alle waren begeistert!

Abstraktes

Das Dreieck

Alpha sitzt im Winkel
zwischen c und b.
Und drücken die zwei Schenkel,
so tut's dem Alpha weh!

Beta sitzt am Punkte B
zwischen c und a.
Wenn diese auseinander gehen,
vergrößert sich Beta.

Gehen sie Richtung 180 Grad,
dann macht der Beta bald Spagat.
Geschieht dies auch mit Alpha,
so hebt sich auf der Gamma.

So ist es dann kein Dreieck mehr,
das selbige ist jetzt platt.
Verkümmert zu 'ner Linie,
manche nennen's Gerade.

Ich find' das Ganze schade!

Der Selbstlaut

Der Selbstlaut ist nicht selbst laut,
wenn er nur geschrieben.

Der Selbstlaut wird erst selbst laut,
wenn mit der Stimme wird betrieben.

Etwas Erotisches

Ars Vivendi

Es ist ein Streben,
die Kunst zu leben.
Und das mit Frauen,
die schön anzuschauen.

Doch sind's nicht alle.
Wie in diesem Falle:
So sah ich Wendy,
jedoch von hinten.
Sie hatte ein Handy,
ich glaub's war in Minden
Sie war nicht so gelungen,
war eher gedrungen.

Sie hatte recht ausgedehnt's Hinterteil,
das guckte ich an für eine Weil'.
Und später in Köln auf der Shoppingmeil'
Sah ich von hinten auch so'n Teil.

Es war nicht Wendy und auch nicht Mandy,

...es war Sandy...

Sie hatte 'nen Arsch wie Wendy.

Den Gärtner zum Bock machen

Es wurde ein Bock zum Gärtner gemacht,
es war früher Morgen um halb acht.

Da sah er die Frau des Hausherren,
konnt' sich ihres Blicks nicht erwehren.

Hat sich nicht nur Hals, auch über Kopf
in sie verliebt, und folgte seinem Trieb.

So wurd' aus dem Gärtner wieder ein Bock,

ich glaube, es war in Weiler,

...ein geiler.

Die Samen

Aus dem Reiche Samland,
hoch im tiefen Norden,
sind die Samen uns bekannt,
manchmal als wilde Horden.

Es zogen los in ihrem Namen
die kühnsten Krieger der Samen
hinein ins Land der Schwaben,
deren Damen sich ergaben
den Eroberern, den Samen.

Die Samen beglückten die Damen,
die sie sich dort nahmen
und gaben ihren Samen.

Später gebaren die Damen
den Nachwuchs besagter Samen -
dank deren Samen!

Gemischtes Kloster

Es gibt ein Kloster, das ist gemischt
mit Mönchen und mit Nonnen.
Die hat man öfter mal erwischt,
wie sie an Lust gewonnen.

Sie sich bald vermehrten
bei dieser Wohneinteilung,
...eben durch Zellteilung.

Mozartkugeln

Nannerl war doch Mozarts Schwester,
und für sie war er ihr Bester.

Was sie tat, braucht Ihr nicht googeln:
Sie spielte an seinen Mozartkugeln.

Schillers Glocke und Locke

Nannerl dann zu Schiller ging,
dort ging sie in die Hocke.
Etwas aus seiner Hose hing,
sie fasst ihm an die Glocke.

Und als Trophäe nahm sie mit:

Eine Schillerlocke!

Goethes Flöte

Ulrike aus Marienbad
diesem Goethe sehr gut tat.
Sie nennt ihn Wolfgang und nicht Goethe
und spielte auf seiner Flöte.

Goethe wirkte oft zerzaust,
seine Flöte war in ihrer Faust!

Tarzan und Jane

Tarzan lebt im Urwald
mit der lieben Jane.
Sie gerät in einen Hinterhalt,
ein Monster vor ihr steht.

Tarzan kriegt das mit,
schwingt sich mit der Liane,
und zwar schneller als ein Ritt
hin zu seiner Jane.*

Bevor das Monster sie ergreift,
springt Jane an die Liane
von ihrem lieben Tarzane.

Jedoch rutscht sie da plötzlich ab
und droht hinabzufallen.
Doch Tarzans brauner Lendenschurz,
verhindert diesen Sturz.

Genauer: Unterm Lendenschurz,
ja, da ist was drunter.
Jane greift zu, und das ganz kurz,
denn sie ist sehr munter.

Es ist die klein' Liane,
woran hängt Tarzans Jane.*
Jetzt entsteht der berühmte Ruf,
den für uns die Jane* schuf.

Er klingt sehr laut, so ähnlich wie:
„I-ah - i-ah -   i!"

(* 'Jane' manchmal deutsch, also buchstabengetreu ausgesprochen)

Shanties früher und heute   (nach dem Lied „Wer mit uns auf Kapernfahrt fährt...")

Damals:

Alle die mit uns auf Kaperfahrt fahren
  müssen Männer mit Bärten sein.

Jan und Hein und Klaas und Pit,
die haben Bärte, die haben Bärte

Jan und Hein und Klaas und Pit,
die haben Bärte, die dürfen mit.

Heute:

Alle die mit uns auf Kaffeefahrt fahren
müssen Frauen mit Ärschen sein.

Wendy, Sandy, Ann und Brit,
die haben Ärsche, die haben Ärsche.

Wendy, Sandy, Ann und Brit,
die haben Ärsche, die dürfen mit.

Alle die mit auf's Oktoberfest fahren,
müssen Männer mit Bäuchen sein.

Werner, Hans und Klaus und Pit,
die haben Bäuche, die haben Bäuche.

Werner, Hans und Klaus und Pit,
die haben Bäuche, die dürfen mit.